特种食品产业发展研究

◎ 李守林 著

中国农业科学技术出版社

图书在版编目(CIP)数据

特种食品产业发展研究 / 李守林著. --北京：中国农业科学技术出版社，2023.11

ISBN 978-7-5116-6079-4

Ⅰ.①特… Ⅱ.①李… Ⅲ.①疗效食品-食品工业-产业发展-研究-中国 Ⅳ.①F426.82

中国版本图书馆 CIP 数据核字(2022)第 231546 号

责任编辑	金 迪
责任校对	贾若妍 李向荣
责任印制	姜义伟 王思文

出 版 者	中国农业科学技术出版社
	北京市中关村南大街 12 号　邮编：100081
电　　话	(010) 82106625 (编辑室)　(010) 82109702 (发行部)
	(010) 82109709 (读者服务部)
网　　址	https://castp.caas.cn
经 销 者	各地新华书店
印 刷 者	北京建宏印刷有限公司
开　　本	185 mm×260 mm　1/16
印　　张	8.5
字　　数	201 千字
版　　次	2023 年 11 月第 1 版　2023 年 11 月第 1 次印刷
定　　价	78.00 元

◁◆ 版权所有·翻印必究 ◆▷

前　言

食品产业源远流长，伴随着人类发展而不断推陈出新。食品产业发展水平是衡量一个国家和地区人民生活质量和文明程度的重要标志，是我国国民经济支柱产业，是中国经济增长的"助推器"和"压舱石"，事关国计民生，关联工业、流通业等，推动食品产业高质量发展已经成为世界各国共识。

我国每年出台众多政策支持食品产业发展。2023年2月13日，《中共中央　国务院关于做好2023年全面推进乡村振兴重点工作的意见》发布，文件明确提出"发展现代设施农业""构建多元化食物供给体系""统筹做好粮食和重要农产品调控""做大做强农产品加工流通业"。2023年3月16日，工业和信息化部、国家发展和改革委员会、科学技术部等11个部门联合印发《关于培育传统优势食品产区和地方特色食品产业的指导意见》，着力推动传统优势食品产区和地方特色食品产业发展。2023年3月17日，农业农村部发布《加快推进农产品初加工机械化高质量发展的意见》，要求加快提升粮食油料初加工机械化水平等。2023年6月5日，农业农村部、国家发展和改革委员会、财政部、自然资源部联合印发《全国现代设施农业建设规划（2023—2030年）》，政策覆盖了粮食供给体系建设、农产品产地发展、企业数字化转型、设施装备升级等。各级利好政策的不断出台可以为我国食品产业的发展更好地保驾护航。

特种食品产业作为食品产业的一个重要分支，随着人民生活水平的提高、技术的进步、消费理念的更新快速发展起来。特别在军事、应急救援领域应用广泛，在百姓日常消费领域已经成为新的热点。2023年5月13日，首届中国特种食品产业融合发展高峰论坛在三门峡市召开，为特种食品产业的发展指明方向。特种食品产业是落实健康中国战略的重要抓手，是提升国民健康的有力手段。

本书包括八个部分，主要对特种食品产业的文献研究、发展现状和发展趋势进行总结和分析，从特种食品供应链、制造生产智能化、流通销售信息化等方面进行产业发展路径探索，以提高特种食品科技和产品供给水平，培养经济发展新动能。

由于作者水平所限，诚恳希望广大专家和学者对本书提出宝贵意见和建议，以帮助作者进一步改进研究工作。

著者
2023年8月

目 录

第一章 绪 论 ··· 1
  第一节 研究背景和意义 ·· 1
  第二节 国内外特种食品相关文献综述 ······························ 4

第二章 特种食品产业相关概念与基础理论 ······················ 12
  第一节 特种食品的相关概念及内涵 ································ 12
  第二节 特种食品产业发展理论概述 ································ 13
  第三节 特种食品产业的结构及特点 ································ 20

第三章 国内外特种食品行业发展现状研究 ······················ 25
  第一节 国外特种食品行业发展现状 ································ 25
  第二节 国内特种食品行业发展现状 ································ 35

第四章 特种食品行业发展趋势及规模预测 ······················ 43
  第一节 特种食品产业发展规模预测模型构建研究 ··········· 43
  第二节 特种食品产业发展规模分析 ································ 44
  第三节 特种食品行业发展趋势分析 ································ 47
  第四节 特种食品行业发展问题分析 ································ 50

第五章 特种食品供应链结构与体系构建 ·························· 55
  第一节 特种食品产业研发体系搭建 ································ 55
  第二节 特种食品供应链体系的设计与构建 ····················· 59
  第三节 特种食品供应链加工销售优化模式 ····················· 66

第六章 特种食品制造与生产智能化分析与建设 ·············· 73
  第一节 特种食品制造与生产智能化现状分析 ·················· 73

第二节　特种食品制造与生产智能化建设需求和目标研究 …………… 79
　　第三节　特种食品制造与生产智能化建设建议 …………………………… 85

第七章　特种食品流通与销售信息化建设 …………………………………… 92
　　第一节　特种食品流通与销售信息化需求和目标 ………………………… 92
　　第二节　特种食品流通与销售信息化体系结构分析 …………………… 103

第八章　分析特种食品产业发展思路与实践 ……………………………… 116
　　第一节　特种食品产业高质量发展体系构建 …………………………… 116
　　第二节　特种食品集群发展方向 …………………………………………… 121
　　第三节　特种食品产业生态构建实践 ……………………………………… 124
　　第四节　特种食品产业发展规划总述 ……………………………………… 126

参考文献 ……………………………………………………………………………… 129

第一章
绪 论

第一节 研究背景和意义

食品产业是全球经济发展的重要支柱产业之一，如今随着科技的发展，食品工业技术设备的更新迭代更为快速，智能低碳的加工制造方法更趋向多元，产品市场日新月异，食品种类愈加丰富，全球的食品产业在科技的引领下都发生了大幅度变化。科技创新驱动着食品产业向高科技、全营养和智能化的方向发展（第十届食品科学国际年会，2018）。世界食品产业已然进入了科技化、数字化时代，世界食品行业也都在向着国际化、科技化、产业化、营养化的高质量发展道路前进。在 21 世纪初，我国食品工业受到了金融危机以及问题奶粉等事件的影响，国家高度重视食品产业转型升级和食品安全问题，食品产业成功跨入转型升级的新阶段，产品品控和工艺流程的整体水平得到了进一步提高，与食品行业相关的法律法规也在不断地得到完善，并且随着食品标准体系、学科、生产加工技术、安全监管等一系列产业配套建设的推进，国内食品产业也与国际业界接轨，迈上了新的台阶。如今步入新时代，食品产业发展的重心已全面向着"满足人民群众美好生活的需要"转移，婴幼儿、中老年人、患病人群、运动群体、特种作业人群的特殊食物消费需求扩大，随着国民健康意识和生活水平的提高，消费者们对食品的态度也由以往的生存性需求转变为健康、享受型需求。而市场需求的满足依托于食品工业整体的高质量发展，这就要求食品产业要比以往更重视科技在产业中的支撑力量，形成以创新为引领的产业发展模式。与之对应的，食品工业要进一步朝着种类丰富、营养美味、绿色健康、安全、方便的方向发展。

我国早期的野战食品在抗美援朝战争中应运而生，最初是以军用快餐的形式出现，但由于受我国当时经济发展水平的制约，早期的特种食品主要以压缩干粮、脱水面条、罐头食品为主，品类单一且口感差，仅仅停留在"吃饱"的层面。后来随着第二代与第三代军用食品的开发，目前基本实现了野战食品系列化、热食化、餐谱化、营养化、功能化，并研发了推动快餐食品行业发展的软包装罐头食品、自热食品、脱水米饭等，完成了从温饱型、营养型向功能型的跨越，这标志着我国的野战食品已经步入了世界的先进行列。随着军民融合和食品产业的发展，现今的特种食品产业也不仅局限于军事领域的应用，而是逐渐向民用领域转化，这样食品就被赋予了更多的内涵，能更好的满足特殊人群或特种作业人员的食用需求。如今我国开启全面建设社会主义现代化国家的新征程，党和国家提出了各项产业发展的战略目标，结合当前食品产业发展状况，我国特种食品产业迎来新的发展机遇。

一、食品保障及其安全需求提升

粮食安全问题在中共中央国务院印发的《"健康中国 2030"规划纲要》（以下简称《纲要》）中有明确提到，"要推进健康饮食文化建设""对重点区域、重点人群实施营养干预"。食品行业在全面推动健康中国战略、提升国民健康水平方面责任重大。在这一战略背景下，特种行业的发展环境渐入佳境，特种食品的安全质量指数逐步增加，消费者对特种食品市场的信心不断提升。临床营养学界近年来也为食品营养科研发展做了大量的推动性工作，社会各界反响积极，得到食品工业界的鼎力支持。预计健康食品产业将迎来井喷式的发展，因此，关注特殊人群的特种食品产业也将迎来发展的新阶段。

在党的二十大报告对推进乡村振兴的阐述中提到，应当"树立大食物观，发展设施农业，构建多元化食物供给体系"。大食物观的核心在于面向整个国土资源，全方位、多途径地开发食物，确保国家粮食战略安全。食品产业在产业结构上和第一产业联系紧密，食品产业是农产品由生产领域进入消费领域的一个重要环节。人们的饮食结构随着时代的改变也在不断变化，在食品消费需求日益多元化这一新形势下，农业主要矛盾已经由总量不足转变为结构性矛盾，表现为阶段性的供过于求和供给不足并存（徐振伟，2017）。因而对农业进行结构性改革，增强第一产业在市场上的供需适应力，是我国农业政策未来发展的一个重要方向。食品产业是实现乡村振兴的重要环节，它能够对农产品进行深加工，提升农产品附加值。特种食品产业的发展还将促进农业生产和食品饮料消费之间的融合，这有利于整个价值链的提升，助力食品产业整体的研发、种植、生产、制造、供应、消费过程全链条转型升级，有利于推动乡村振兴工作。

同样，在我国"十四五"规划中提出"全面推进健康中国建设"的重大任务，由于食品安全与国民健康息息相关，食品产业被赋予重要的使命和担当。为实施健康中国战略，食品工业要重视创新，以全方位科技创新为基础，实现基础研究、制造智能化、生态友好以及营养水平的全面提高，实现管理、机制、技术的全面创新，助力食品工业高质量发展。特种食品的开发与加工，涉及食品工程、生物工程、食品营养、食品安全、包装工程、自动化控制等多个学科和领域，与特种膳食食品密切相关，与发展方向不谋而合。

为了强化国家战略科技力量，国家将深空、深地、深海和极地探测列入科技前沿领域攻关，例如我国空间站于 2022 年全面建成并投入应用和发展，未来航天员长期驻留太空站成为常态，保证其食品供应质量和安全意义重大。预计未来随着我国深远海航行、深海探测、空间飞行等事业的发展，特殊应用场景下的食品定制化供给保障工作亟须突破和创新。特种食品也将成为科研攻关人员开展实地科考工作的重要保障，在此背景下产生的特种食品产业有着巨大的发展潜力，可称得上为"黎明产业"。

二、数字化改革推动特种食品产业新发展

数字经济，是一个内涵丰富的新概念，只要是能够通过某种形式利用数据来激发资源作用、推动生产力发展的经济形态都可以纳入其范畴。我国数字技术发展迅速，数字化科技伴随着大数据、云计算、人工智能、5G、区块链等新一代信息科技的高速发展，从各领域、全过程、全方位地渗入食品工业生产社会活动中。近年来，我国数字经济蓬勃发展，与数字技术相关的产业规模在持续增长。物联网、工业互联网、大数据、人工智能等技术加速融入食品产业，助力食品产业在数字时代不断迭代升级。

数字化技术为特种食品行业运营提供了很好的支持。运用数字化技术，产业链内部信息共享变得更加高效，各环节之间的连接变得更加紧密。其一，企业能够更好地采购原材料。企业可以利用技术找出原材料和其他配料的最佳供应商，并且可以确保所购产品的真伪，能提供不含任何添加剂的最优质成分。其二，购物更加方便。网上杂货购物的普及，让消费者可以通过智能手机或电脑在家里订购食物，这样无须外出便可获得想要的物品，让杂货购物变得更加方便和轻松。其三，加强质量控制。技术的使用使消费者能够密切关注收到的食品的安全性，可清晰展现任何受污染产品的质量和存在情况。其四，全球可持续性。随着气候变化和全球变暖成为主要问题，企业现在更关心确保其做法不会损害环境。大量高新技术的使用使得企业绿色、可持续经营成为现实。其五，更快速和更准确的客户反馈。数字化技术允许客户直接与企业主管部门联系，并向他们提供真实的反馈意见，能够帮助企业改善客户体验，帮助客户获得他们想要的东西。

三、个性化食物需求增加

数字经济的兴起使得数字化、个性化食品的概念映入消费者们的眼帘。数字化食品是以数字化收集到的大数据为核心，它源自食物本身的营养特性、人体健康特征、食品加工制造等信息。数字化食品是在大数据和人工智能等新型信息技术的加持下进行产品的研发设计，需要通过数据收集来驱动业务的进行。在数据愈发重要的背景下，这些数据成为企业发展的战略资源。这一新模式给食品系统的资源利用带来了彻底的变化。未来随着食品企业基于数字化系统与制造线的实现，仅仅需要消费者通过移动设备的简单交互即可达到产品个性化需求的满足。

自我国改革开放以来，女性社会地位随着社会的全面开放与发展逐渐上升，如今女性劳动者已然成为了社会的重要生产力，妇女从事工作的比例大幅提升，同一家庭中夫妻均在外工作的情况越来越多，而这种现象在世界范围内具有普遍性。且近几年来，人们又受到快节奏生活的影响，大部分人都沉浸于工作中，导致在家庭中能够用于烹饪和进食的时间也在减少，所以人们更倾向于方便快捷的生活方式。因此，具有烹饪便利、高营养、口味丰富等特点的预制食品极大满足了人们的需求，在未来有巨大的潜在市场。

随着"一带一路"海上丝绸之路的不断建设，海外进出口贸易额不断上涨，能够

改善船员饮食和身体健康的特种食品在远洋航行领域具有很大的潜在市场。深空、深地、深海和极地探测被国家列入"十四五"规划的攻坚领域，特种食品的发展不仅对载人航天、深海作业、极地科考等前沿理论研究领域的项目起着重要的后勤保障作用，而且其快速便捷的特点也满足了现代都市快节奏生活下，缺乏时间下厨的年轻消费群体的需求，同时还促进了快餐行业的工业化，具有广阔的发展前景。在野外作业研究领域，野外作业人员的身心健康是学术研究和专利开发的一个热点领域，这一人群由于职业特点和特殊工作环境，常会面临饮食保障与心理健康的问题。有研究表明，在野外进行采气作业、驻训、施工抢险的工作人员普遍面临着焦虑、睡眠质量低下、抑郁等精神问题，例如某些需要在沙漠荒野、林地湿地等环境中工作的人员也有更高概率患上皮肤、暑热等疾病，或由于缺乏某种营养物质而患上所在地区特有的疾病等。因此高度个性化食品的研发有助于缓解甚至解决特殊从业人员的生理以及心理问题。

第二节　国内外特种食品相关文献综述

此节内容主要参照与特种食品相关度最高的特殊膳食食品分类标准《预包装特殊膳食用食品标签》（GB 13432—2013）分别进行文献收集并分类讨论。但由于国外没有对国内常用的特种食品进行单独的概念划分，因此在进行国外文献综述时，本节将参照国内标准对相关应用领域和特种食品下的食物分类来进行产业的调研。国外在特殊膳食食品标准制定上，由于医学用途存在特殊性，所以单独地将"特殊医用食品"与一般的特殊膳食食用食品进行了区分。宁兆君（2019）在其论文《国内外功能性食品监管对比及发展新动态研究》中对国际上主要发达国家和地区（如美国、日本、澳新、欧盟等）的非医用类特殊膳食食品保健食品、功能性食品的相关法律法规作了详细的阐述，将各国家地区对功能性食品的定义、分类、成分做了细致的梳理，这为我们对国外特殊膳食食品进行细化分类提供了参照。

在进行国外特种食品产业调研时，主要参考此文对与特种食品相关的食品分类，分别对产业发展进行分析，主要分为非医用特殊膳食食品、特殊医学用途配方食品、与特种应用领域相关食品（如远洋航行、野外作业、极地科考、应急救援等）等产业，以及未来食品行业发展出现的与特种食品的发展趋势高度相关的精准营养产业和数字化食品产业。

一、国内文献综述

国内对于特种食品的研究较为缺乏，在早期研究中，特种食品通常特指军用粮食，并且长期以来对特种食品的研究局限于某种特殊作业环境下的特殊人群的饮食保障问题，没有解决该人群饮食的食品营养均衡、心理健康等问题，没有为特殊作业人员提供很好的功能性支撑，并且以往的特种食品没有通过全产业链优化创新的产业化视角解决特种食品的供给质量问题。近年来随着供给侧结构性改革的不断深入推进和地方产业的规划布局需要，特种食品领域的拓展研究逐渐受到重视。

（一）非医用特殊膳食食品产业

研究表明，非医用特殊膳食食品市场覆盖广泛，涵盖了以儿童健康成长为目标的儿童市场，如通过增强维生素、矿物质等营养物质的补充来促进儿童成长；注重身体健康的成人市场，如减脂类食品、增强消化功能类食品，提供能量、增强免疫力的食品等；还有能够降低患病风险的功能性食品，如降低三高、糖尿病、增进肠胃健康、降低骨质疏松等功能性食品。特殊膳食食品（简称"特膳食品"）集成现代科技，其食疗的观点与传统中医的调理生息、医食同源的概念相吻合。其性质相较于医用药物更贴近普通食品，针对特殊人群提供其容易流失和难以获取的特殊且丰富的营养成分，同时调节机体功能，降低产品代谢负担，与药品相比具有较高的安全性。特膳食品按产品形态分为粉剂、固态、半固态和液态四大类。从营养功能上看有补充能量类、控制能量类、补充蛋白质类、力量类、耐力类、运动恢复类等。

周旻（2021）从中西医学预防疾病的角度着手，分析了目前在疾病普遍化、人口老龄化问题日益显著的背景下，特膳食品行业发展的必要性。该研究从病症预防、阻止病情恶化、防止病情反复的中医学角度对特膳食品发展进行探讨，认为目前中国特膳食品行业存在巨大的发展潜力，目前我国特殊膳食食品产业仍处于初步兴起阶段，市场仍待开发，体系不成熟，消费者认知薄弱，标准制定和执行相对落后。目前我国关于特膳食品的法规与标准建设在逐步完善，但由于特殊膳食利用食品本身的特殊性，标准中涉及的营养指标多、内容复杂，从业人员对标准的理解存在偏差，管理缺乏经验，所以标准在具体执行和实施上还相对落后，产业集群化程度不高。产生上述现状的原因在于缺乏完善的管理系统，对特膳食品资源发掘不够，缺乏对该类食品完整的评价体系。研究最后提出应加强特膳食品知识普及、细化特殊人群食品开发、加强特膳食品监控、开发具有中医特点的特膳食品等更为本土化的建议。

在保健食品、功能性食品的对比研究中，田明等（2023）在《我国功能性食品与保健食品的比较研究》一文中指出，当前国内的功能性食品概念与标准并不明确，存在多方标准，难以达成共识，对产业的研究、生产、销售、监管各个环节会造成阻碍。而据观察，当前特种食品同样存在标准、法规缺乏的问题，若能够在行业发展初期进行标准的界定和完善，将会对产业链的构建有着显著的加速作用。

（二）特殊医学用途配方食品产业

特殊医学用途配方食品又简称为特医食品，此类特种食品具有较好的发展前景，食品伙伴网发布的《中国特殊医学配方食品行业研究报告（2022版）》从消费市场、国家政策、未来人口结构、产业科研投入、标准体系等各方面对行业发展态势进行了全方位解读。该报告认为特殊医学用途配方食品发展前景广阔的原因如下：从消费意愿来看，消费者普遍对特医食品的安全性予以高度重视，不断壮大的中产阶级消费水平更高，消费潜力巨大；我国特医食品长期存在供需不平衡的问题，供给侧和需求侧长期失衡，对此我国出台了促进行业发展的相关政策措施，也指出了特医食品未来的发展方向和路径；未来社会老龄化，特医食品下游需求将持续提高，在医院营养科室建设发展等因素的推动下，特医食品将在临床营养中发挥不可替代的支持作用。此外，报告也指出了当前产业发展的风险与挑战：我国特殊医学用途配方食品产业基础薄弱，科研技术投入成本低，经验积累相对缺乏；目前国内特医市场份额太小，外资企业垄断了大部分市场；消费者对特殊医学用途配方食品的认知度不够；特殊医学用途配方食品销售渠道管理不够规范；并且消费者意识的缺失和行业标准的缺位，已然成为特医食品行业发展的两大短板。要加快本产业的发展，必须解决这些问题，让特医食品在临床上发挥预防和康复疾病的作用，在宣传工作中进一步提升患者和公众的营养意识，推广特医食品的应用，进一步提升治疗效果，提高患者生活质量，节约医疗费用。

王文月等（2019）在文章《我国特殊医学用途配方食品产业现状与政策建议》一文中，对比了国内外的特医食品产业发展，从科技创新、产业监管体系的角度对行业发展进行了分析。认为特医食品产业是国民健康的支柱型产业，而当前我国在全面推动健康中国发展战略的同时，需要借鉴全世界发达国家在科创体制、生产、应用等方面的经验。该文还指出当前特医产业存在的机遇：供需严重失衡的现状能够为特医食品产业结构升级优化提供外部动力；政府加快供给侧结构性改革，为特医食品产业持续发展提供政策基础；不断完善的监管体系为特医食品产业规范发展提供保障，提升了国产特医食品的地位。而伴随的挑战主要有：目前我国对特医食品的研究尚有空缺且存在技术壁垒，导致了原始创新不足，缺乏能够指导和支撑技术创新与产品创制的理论，以仿制国外优秀产品为主，约束了国产高质量产品的研发；政策没能发挥先导作用，在客观实践上滞后于市场需求，特医食品实现经济效益难度大；特医食品产业作为多学科交叉产业，缺乏协同创新机制，科研成果转化率低。对此，建议加强特医食品产业的规划和部署，加强政产学研协同创新；立足于本土市场，做适合我国国民体质和饮食习惯的特医食品；通过引进人才和加强学科建设，倡导企业和科研人才流通，强化产业专业人才队伍。

中国质量报在对山东若尧特医食品有限公司进行报道时了解到特医食品产业的一些特点：绝大多数消费者不完全理解"特医食品"，可能狭义地认为是营养餐或者医院所开的食疗食品，但实际上特医食品是全民健康的重要参与者，是能够普及到大众当中的一类食品；在产品质量安全管理上，山东若尧特医食品有限公司通过引入数字化技术对管理系统进行赋能，构建了健全的质量控制体系，完成了管理流程重塑，形成全面高效的质量安全管理模式，大大提高了其管理效率和能力；目前发达国家采用特医食品与医疗紧密结合的方式来发展特医食品，通过食用来摄取人体代谢所需的营养，营养多以消化道内营养为主，以肠外营养为辅。例如在临床中为手术期患者补充肠内营养，提高患者的免疫力，降低了由于手术造成的并发症与感染的发生概率，获得了显著的效果，进而很大程度上提升了患者术后生活质量。特医食品相对于其他食品而言，在产品质量检验上有更加严格的标准，并且特医食品有成分繁多、工艺复杂等特点，在参数检测上要投入更多的资源。

（三）特种食品应用场景相关领域的研究

在特种食品相关的应用领域方面，以往面对特种作业、特殊环境的产品技术研究数量缺乏的情况时，个别领域研究偏向于根据已有的非特供食品，通过合理的后勤管理或采取供应链保鲜技术来解决特种食品供给不足的问题。例如 2020 年成立的青岛特种食品研究院聚焦特种食品研究，面向市场需求开展技术攻关，目前已经开发出100多种市场前景广阔的产品，攻克了一批关键、应用广泛的技术。

在特种食品军民融合相关研究方面，特种食品的行业规模大但保障份额不足，存在着供给保障品种单一与需求多元化之间的矛盾、应急遭送能力不足与多样化任务之间的矛盾、能力储备与启用之间的矛盾等，应当进一步完善规范，发挥其引导和约束作用，从管理创新方面加速行业蜕变，以构建军民融合的供应链、产业链和价值链（迟诚，2021）。

在远洋航行领域，青岛特种食品研究院开展的研究表明，在航行食品中添加益生菌能够维持和稳定船员肠道菌群、降低长期航行的船员焦虑情绪、维护船员身心健康；在生物医药、环保、航天、海洋、国防等领域有着广泛应用的纳米技术，在特种食品的开发上能够帮助人体更好地吸收食品中的特殊成分，在包装上能够满足特种食品的轻便、强韧、耐磨等需求，目前已得到广泛的应用；在极地食品相关标准《极地考察营养与食品保障标准》中，对远洋食品补给使用标准化操作程序，极大地提高了食品远洋储运的技术水平，这是远洋储运科学技术的重要成果，这一项技术填补了国内外的标准空白，也是特种食品产业在极地远洋航行领域的重要生产标准。

在野外作业场景下，以探测地震队为例，物探地震队工作人员长年在野外工作，每日工作区域不固定，居无定所，要保证稳定的正常饮食供应相当困难，如遇天气恶劣或其他情况，只能以方便食品充饥，而一般的方便食品如方便面、能量棒、肉干等食物在膳食营养方面提供不了足够保障。高永宁和白建军（2013）在《物探地震队工人饮食营养现状与建议》一文中，观察到了这一现状并建议提升饮食保障应当从改善后勤管理入手。随后食品保温箱、流动式野外饮食餐车的出现受到地震队的欢迎，解决了员工吃饭难的问题。但这种流动式餐车和保温箱十分依赖后勤人员的补给以及探测的地形环境，并且在特殊情况下难以应急。因此为地震队人员提供稳定、口感丰富的特种食品，无论是在生产还是供应上都存在更高的客观要求。

在应急救援场景下，有研究对新一代应急食品存储时间长、食品包装质量要求高、具有特殊膳食营养要求、食用安全等特点进行了阐述。在应对突发卫生事件和自然灾害时，民众也能自主准备好战略物资，因此存在较大的市场潜在需求。毕珣等（2015）认为中国在系统性应急救援食品研究中仍然以使用军用食品为主，军用食品能够满足军事方面的应用，并且广泛应用于国家灾害救援、行业应急储备中，也适用于户外运动作业、海洋运输等特殊环境。但这种将军用食品搬到应急救援上的做法是与市场需求不符的。并且在现代救援过程中，救援人员营养供应不足的情况普遍存在。

（四）精准营养与数字化食品产业

"精准营养"属于近年来国际研究上的新兴概念。与传统营养产品和服务不同，其产品与服务通过定制的形式实现，根据定义及其应用场景可知，满足人群精准化需求的精准营养产业与适用于特定应用环境的特种食品产业存在紧密联系。现已有越来越多的企业参与到精准营养的布局中，将精准营养作为未来产业发展战略方向。

吴希等（2022）在《精准营养食品定位及相关法规标准现状研究》一文中重点梳理了国内外精准营养食品的相关标准，提出了制定未来精准营养食品相关标准的工作方向。研究梳理了国内外特殊膳食食品法规现状，指出特殊膳食食用食品分类中的婴幼儿配方食品、婴幼儿辅助食品这些针对特殊生命阶段的食品，以及其他特殊膳食食用食品中的辅食营养补充品和运动营养食品，均属于精准营养食品。文章重点落在特殊膳食用食品的标准对比分析上，基于特殊膳食食品，对精准营养食品的监管法规的健全给出了建议：针对定制化膳食营养补充剂出台专门的规章标准；加强精准营养食品相关的研究工作，积极研发并更新技术；加强建设精准营养食品人才监管队伍。此文对国内外精准营养的概念标准进行了梳理和总结，为精准营养产业的发展提供了一个可参考的理论基础。

刘元法和陈坚（2021）在《未来食品科学与技术》一书中通过对政策、时代背景、食品行业发展状况的分析总结，系统性地对数字化食品领域相关的技术进行介绍，得出如下结论：基于多学科交叉的、食品科技创新的数字化食品是未来食品产业满足人民对食品新需求的必然趋势；指出数字化食品的产业模式是转变食品行业发展方式、推动食品行业高质量发展、保障人民健康的发展新业态；并且对未来数字化食品的概念、特性、产业模式、发展前景进行了详细的阐述，为推动未来产业发展提供理论和技术支撑。食品产业数字化的方式为精准营养的实现提供了一种可行的方案。

食品产业数字化的相关研究随着近年数字化浪潮的到来也成为热点，2022 年 4 月 15 日山东省市场监管局召开"山东食链"推广应用启动会议，在全省推进建设农产品和食品信息化系统"山东食链"，提升食品安全可追溯水平，提高整体供应链的安全性和可靠性。

二、国外文献综述

（一）非医用特殊膳食食品产业

北京爱博西雅展览有限公司（2023）在白皮书《2020—2023 年全球食品 & 饮料创新趋势洞察》中研究发现，自 2020 年新冠疫情以来，消费者普遍希望吃上更加健康的食品，希望通过健康的饮食和补充功能性食品来保护自己。据韩国保健食品协会统计，2020 年韩国保健食品市场规模为 4.98 万亿韩元，比 2019 年增长 6.6%，并且销售占比最多的功能食品是与免疫相关的产品。另外，原本目标用户为海外专业运动人员的蛋白质产品市场正在迅速增长，让消费者可以消费美味和方便的蛋白质来进行肌肉健康管理。根据韩国保健功能食品协会的蛋白质市场数据（2020 年 10 月），2020 年蛋白质食品的市场规模为 2500 亿韩元，并且正在以超过 2.5 倍的速度快速增长。消费者对蛋白质摄入重要性的认识不仅在中年人中蔓延，而且也在年轻人中蔓延。

加拿大学者 Allard 等（2016）研究发现，45% 的住院患者在入院时营养不良，导致住院时间延长，医疗费用增加，死亡率升高。而特殊膳食食品产业能够开发出为医院和家庭中的个人提供营养支持的产品，但加拿大与膳食食品相关的法律法规过于老旧与严格，限制了产业的发展，对此，文章提出了一系列建议：应当评估其他法律的规定；跟踪当前市场上的产品；发布临时营销授权，允许产品上市并收集数据；参照组成要求并使用；对特殊膳食研究及特殊人群营养需求的支持；更好地理解这些产品的可应用性。

作者最后提出加拿大特殊膳食应建立一个现代化、安全、灵活、创新和健康驱动的监管框架的愿景。作者还观察到法律法规标准的不足，认为特殊膳食产业应当在与时俱进的监管系统下才能够完成产业的合理化。在发展特种食品产业时，也应当注重发展一套健全的监管体系。

（二）特殊医学用途配方食品产业

慢性病的日益流行以及医疗保健专业人员的增多和患者保健意识的提高是特殊医学用途配方食品增长的关键动力。由于起步早，许多发达国家和地区如美国、英国等早就广泛使用特医食品，并制定了相应的管理措施和标准。我国以临床营养研究为基础，借鉴国际管理经验，参考美国、欧盟、日本和澳新等国家和地区的法规以及国际法典委员会颁布的相关内容，制定了一系列特医食品相关法规标准。

一般医疗配方所使用的特定食物也称为医用食物（Medical Food），医用食物是指，当人体需要某种特定营养时，根据特定食谱制作的符合国际公认医学原则且通过科学评估的特定治疗饮食，它在医生的监督下服用，在胃、肠内消化吸收后能起到保健作用。Li 等（2021）在《Medical foods in USA at a glance》一文中，阐述了美国食品药品监督管理局规定的关于健康饮食的概念，阐明了健康食品、膳食补充物与普通饮食之间的区别，并列举了美国开发的医疗食品产品的一些实例，为国内外特种食品相关产业研究提供了参考。作者认为当今美国乃至国际范围内对于功能性食品的概念十分宽泛，而医用食品在功能性食品上有严格的标准划定，已有的监管和标准体系较为完善，应用领域也在不断扩大，具有较高的商业可用性。

（三）特种应用领域相关食品的研究

特种应用领域相关食品主要应用在远洋航行、野外作业、极地科考、应急救援等领域，而后其相关技术逐渐进入家庭应用场景，其中 3R 食品就是其典型代表。3R 食品是国际上对即烹、即热、即食（Ready to Cook、Ready to Heat、Ready to Eat）食品的一种称谓，是一种更健康、更营养、更美味的方便速食产品，又可称为预制菜。3R 食品最早起源于美国的"家庭菜品替代品"这一概念。20 世纪 60 年代，美国标准化的餐饮企业批量涌现，直接推动了 3R 食品的产业化，催生出全球超大型食材配送供应链公司诸如 Sysco、US FOODS 等一批面向用户端的龙头企业。至 20 世纪 80 年代，3R 食品，即"预制菜"，迅速席卷日本，从超市、便利店逐渐发展到饮食企业等多领域。

近年来，3R 食品越来越受到中国消费者的欢迎。咨询机构 iiMedia Research 发布的一份报告指出，烹饪新手和时间紧张的工作人士并不是 3R 食品的唯一支持者，现在越来越多的餐厅也在使用这些省时省力的产品。在 2022 年上半年，新冠病毒的反复也促进了 3R 食品市场的增长。据中央电视台报道，2022 年 3 月 3R 食品全国销售额同比增长 100%，4 月上半月上海 3R 食品的销售额同比增长 250%。3R 食品的快速增长反映了中国消费者对更健康、更有营养饮食的最新需求。在新冠病毒肆虐的特殊时期，对海外的中餐消费者而言，购买中国生产的 3R 食品可以有效替代中国餐馆，继续安全享用中国美食，也是在海外市场拯救中国食品行业的一种方式。同时，3R 食品可以使海外供应的菜肴种类不再受当地厨师能力的限制，这意味着海外消费者将获得最正宗的中国菜肴。

在航天领域中，在过去的几十年里，人类进行了无数次的太空任务，其成功取决于许多因素，其中宇航员的健康是主要因素之一。健康和营养是生命的两个重要组成部分，人们往往通过食物来保持身体的健康、营养和活力，包括长期执行太空任务的宇航员。随着研究和技术的进步，宇航员空间菜单包含的菜品种类更加繁多，其中大部分与地球上吃的菜品相似。科学家们研究发现外太空的探索环境会对人体健康产生许多有害影响，如体重减轻、视力变化、骨密度下降，甚至贫血。为了克服上述问题，太空食品的设计应遵循多重考虑因素。在空间飞行任务中，营养需求占有举足轻重的地位，多种食品具有突破太空任务局限的潜能。所以在空间食品的研制过程中应该考虑缺陷、疾病等多种参数的影响，食物要富含营养、容易消化且能固定于货架。国外因其载人航天及空间站建设的领先地位，航天食品研究取得很大进展。

目前，国际空间站上的辐照食品主要包括肉类和面包。韩国研究人员通过使用高剂量伽马射线辐射治疗，开发了即食消耗品，如营养棒、面条和两种传统韩国食品（泡菜和肉桂饮料）。功能性食品还被用作太空食品添加剂以帮助宇航员在太空生活条件下更好地对应不良影响，因为这些食品添加剂可以在较长时间内吸收补充物所产生的康复效果。抗辐射功能食品就是这种方法的一个例子。

经过科研人员几十年的努力，太空食品的种类和口味已经多样化。为了避免饮食单调，美国和俄罗斯宇航员的饮食通常以 4~6 天为周期，在此期间，除了饮料，每天的食物都不同。大部分俄罗斯太空食品都是罐装的，可以在微波炉中加热，除此之外还有很多脱水食品。美国宇航员的饮食一般分为生蔬肉蛋搭配的营养餐。中国航天食谱主要由中国传统菜肴制成，如八宝饭、酱油牛肉、陈皮牛肉、绿茶、墨鱼丸、莲子粥、牛肉丸和其他亚洲美食。尽管如此，宇航员在执行长期任务时仍然面临太空食物补给成本高、宇航员的太空疾病预防效果欠佳、生理心理需求难以满足诸多问题。

以上针对航天食品现状的研究，引出了目前特种食品开发中亟待解决的需求问题：如何帮助因职业需要而长时间在特殊环境中工作的人群，能够获得接近普通生活的饮食保障？以及如何让处于特殊环境的消费者通过食品来减少环境对生理和心理的侵害？解决这几个问题首先要加强特种食品制造的科技创新和科研成果转化能力，现如今并不缺乏食品营养对调节心理的学术研究，这就要求产业科技研发必须强化交叉学科的知识整合，给特种食品产业带来新的动力。

(四) 精准营养与数字化食品产业

精准营养产业是国际范围内的新兴产业，它源于对特定营养的精确需求。目前的公共卫生建议，如膳食指南、必需的营养和饮食注意事项等，一般都是参照周围人群的平均水平构建的，但在多数情况下遵循这些建议的个体所需的营养素各不相同，因此根据周边平均人群制定的中国居民膳食指南的做法并不具有普适性，如何解决这个问题则涉及基因型、表型以及个人身体和生活方式特征等方面。从某种角度看，这对于个体而言，应当考虑食物选择的习惯模式、代谢率、肠道微生物组的基本组成和结构以及疾病、疾病风险免疫系统和个体所处的特定环境等因素，为制定精准营养（PN）作战策略提供基础知识和动力。《美国国立卫生研究院 2020—2030 年营养研究战略计划》中明确提出了"精准所需营养"的共同战略愿景。

美国营养商业协会把精准营养的具体过程分解为四个重要环节。一是一般评估,有定量和定性的信息输入,如注意饮食、行为、症状、基因组和生化检测;二是简单解释,只能解释和说明个性化营养的科学和数据;三是直接干预,个体化的营养指导和药物治疗干预改变了原来的饮食习惯,进行针对性的营养补充,如何补充个性化营养,需要根据影响人们生活方式的因素来确定,如进行运动、保证睡眠质量以及饮食习惯等;四是监测与评价,进行持续的监测与反馈以完善干预策略。

在过去的 50 年中,营养领域在解决与营养缺乏有关的疾病方面取得了巨大进展,从而制定了饮食建议和食品政策。然而,考虑到饮食相关慢性病的负担及其对卫生保健成本、经济生产力的影响,和现在人口对新型冠状病毒的易感性,我们面临着通过饮食预防和管理营养相关慢性疾病的挑战。特种食品在面对个性化营养方面的挑战是艰巨的,营养缺乏在大多数人身上表现出相同的症状,而慢性疾病则是由多种环境和个体内源性生物因素决定的多因素复杂特征,这些因素在一生中都会表现出来。此外,营养需求随着我们的生物个性和整个生命周期的变化而变化,这种变异性导致了对饮食干预的反应和无反应,这表明我们需要开发新的方法来理解复杂的饮食—疾病关系。在人患有慢性病的情况下,在确定个人的饮食需求时,使用人口平均值进行估计的作用有限,基于平均值的建议并不能反映出饮食需求的生物动态,这些需求在个体之间存在差异,并在一生中不断变化。美国农业部和国家卫生研究院的战略计划都承认,我们必须寻求新的方法来满足新的期望,并让科学引领我们进一步发展。

有研究指出,当前在国际范围内精准营养市场规模的增长趋势非常强。精准营养已成为营养产业的新趋势,但因为这一商业概念实现具有难度与复杂性,需要较高的技术成本,受这些因素的制约,目前精准营养的工业化成果转化尚在摸索阶段,产业化程度远低于其他发展成熟的食品产业。在展望精准营养的一篇综述文章中《Precision nutrition: A review of current approaches and future endeavors》,作者认为目前营养科学更加重视新兴的科学和技术进步,支持向精准营养过渡,并将其作为跨人群疾病预防和管理的战略。慢性病的复杂性在饮食与疾病之间的关系中得到了突出体现,在这方面,显然没有"一刀切"的疾病管理方法。精准营养是研究个体对食物和营养素的不同反应,应遵循个性化的原则,是对抗慢性病的最佳方法。随着整个社会逐步向精准营养方向过渡,社会各界必须增加相应资源,这将改变农业和营养科学,使其取得更加丰硕的研究成果。美国农业部和美国国家卫生研究院也都认识到需要优先考虑精准营养的研究和资助。精准营养整合了遗传学、宏基因组学、代谢组学、生理病理学、行为和社会文化等,在充分了解人体新陈代谢和人类福祉的基础上,通过精准饮食搭配促进人体健康。近几十年来,营养遗传学、表观遗传学、基因组学、代谢组学和宏基因组学领域的研究呈指数级增长。这些方法为人类对饮食的反应提供了深入的基因型和表型见解,这为个性化和精准营养干预的新时代提供了支撑。此外,大数据、人工智能的进步为食品工业和医疗保健领域的综合精准营养应用铺平了道路。

精准营养也与现在流行的"数字食品"(digital food)紧密相连,数字化食品被认为是实现个性化、精准营养的一个重要手段。

第二章
特种食品产业相关概念与基础理论

第一节 特种食品的相关概念及内涵

特种食品在早期的学术研究中常归为战备物资,是为了帮助从事特种作业的人更好地适应特殊环境而提出的一类食品。特种作业指容易发生事故,对操作者本人、他人的安全健康及设备、设施的安全可能造成重大危害的作业,为了满足这一类作业的需要,要求食品具有营养全、能量高、吸收快、体积小、重量轻等特性,在能够满足这些食品需求的同时,还应当帮助食用者适应特殊环境,如深海远航、高温高压、应急救援、野外作业、高温高湿、高原高寒等。

我国有关部门在1992年对这一类食品进行了概念拓展,并称作"特种营养食品"。1992年12月31日,国家轻工业部发布的《全国特种营养食品生产管理办法》明确规定:"特种营养食品是指在加工过程中,改变食品的营养成分,或改变营养成分的含量,制成能适应不同特殊人群营养需要的食品"。这一规定将特种营养食品概念进行了泛化。

而在2005年10月1日通过的《预包装特殊膳食用食品标签通则》(GB 13432—2004)中,将特殊膳食用食品(Foods for special dietary uses)定义为:"为满足某些特殊人群的生理需要,或某些疾病患者的营养需要,使用特殊配方专门加工的食品"。该类食品将食品分为婴幼儿食品、特殊医学用途配方食品以及其他特殊膳食用食品三个大类。这一分类被当前食品产业广泛采用。

综上所述,基于当前产业常用食品分类,特种食品可以被认为是一种特化了应用场景下的特殊膳食用食品。特种食品的常用定义为:指含有特殊成分,或是利用特殊加工方法加工的,能够满足特殊人群、特殊应用场景下需求的食品。从主要的功能性角度出发,这类食品是完成特定任务或特种作业,以及帮助特殊环境从业人员维系生命、保持战斗力、提高保障力的关键基础。

从一般食品的角度出发,特种食品所含营养成分要高于一般食品,更接近于特殊膳食食品。特殊膳食用食品根据不同的用途,能够分为特医食品和非医用特膳食品两个大类。特医食品全称为"特殊医学用途配方食品",是一类为了满足摄食、消化、代谢存在困难的人群对膳食营养素的特殊需求,而特别配制加工的食品,常用于临床患者术后维持、增强、恢复体内营养平衡,或是为处于特殊生理状态如婴幼儿、孕妇等特殊患者人群提供额外营养;其他特膳食品,一般包括辅食营养补充品、运动营养食品,以及其他符合相关国家标准的特膳食品。而随着我国食品产业的不断发展，人民群众对食品成分精细化的需求增长，根据不同的制备方法、营养成分等要素，国内外对食品有了更细化的分类，因此，特种食品又包括有新资源食品、基因食品、有机食品、预制菜等。根据不同人群的划分，特种食品又能够囊括的儿童食品、老年人食品、病患者食品、孕产妇食品、运动员食品、航天食品、应急救援食品和其他特殊营养食品，均属于特种营养食品的范畴（图2.1）。

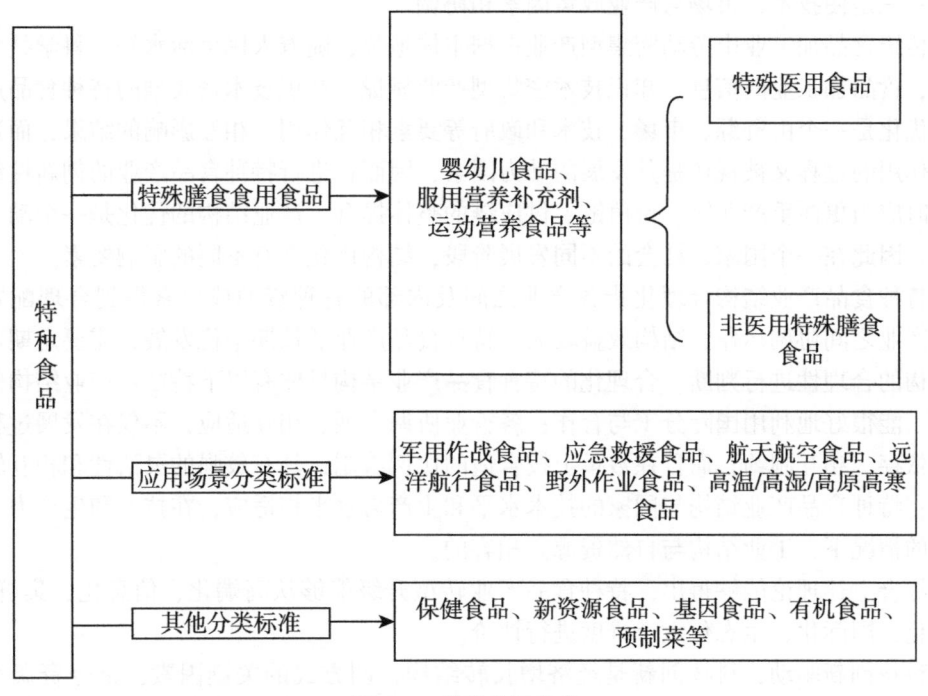

图 2.1　特种食品分类

第二节　特种食品产业发展理论概述

一、产业结构理论

产业结构理论主要研究如何在一定的生产要素下，能够促进市场竞争，也能够充分发挥规模经济效益，使得在市场环境下产业内部资源达到最优配置。经济发展方式依托于产业发展方式，一个产业发展方式的本质是指产业发展的推动力构成以及这些推动力发挥作用的形式。

因此，特种食品产业的发展不仅是食品企业数量或规模扩大的过程，还是结构不断优化升级，技术、市场与管理不断创新的过程。

产业结构优化，指的是通过一系列方法对产业整体进行调整的过程，优化的目标是实现各个产业的协调发展，满足社会生产生活需要，其向最优化发展的过程就是产业比例关系从不适合生产生活需要转变为适合的过程，表现为产业结构高度由低到高不断上升的演变。

特种食品产业结构优化升级，实现可持续发展主要取决于以下三点：一是要协调与权衡资源约束与需求结构的变化；二是由特种食品产业本身所固有的发展规律决定发展方式；三是使技术、市场与产业政策因素相协调。

传统食品加工业由劳动密集型产业占据主体地位，随着人民生活水平、科学技术的提高，食品加工业向信息、知识技术密集型产业靠拢。知识技术密集型的特种食品产业结构优化是一个由资源、市场、技术和政府等要素相互作用、相互影响的结果，而这种互相作用的过程又被视作是其发展的动力因素，因而在进行特种食品产业的创新性结构优化时应当更注重产业链、价值链、供应链的整体提升。产业结构的优化是一个动态的过程，因此在一个国家、社会的不同发展阶段，结构优化会有不同的影响要素。

特种食品产业结构合理化指各产业之间及内部的各种资源或要素得到合理配置流动，产业之间协调运作，结构效益较大。特种食品产业的长期平稳发展，需要定期对产业结构的合理性进行判断。合理化的特种食品产业结构具体有以下特征：产业结构体系完备，能很好地利用国际分工与合作；各行业协调发展、相互适应，不仅在发展过程中相互依存、相互制约，而且在数量上按合适的比例编制，具有较强的灵活性和相互转换能力；特种食品产业结构与国家的技术水平和生产力水平相适应；在技术和生产力水平有限的情况下，工业结构与自然资源是相容的。

综合上述理论能够得出，特种食品产业转型升级能够从高端化、信息化、集群化、融合化，国际化、生态化六个维度进行评价。

科技创新驱动，科技创新是经济增长转结构、调方式的关键因素，是令资源型城市、传统工业型城市进行产业结构改革、驱动内生增长的重要手段。对于科技对产业转型升级的影响，有大量的学术研究，能概括为下面几种观点：有的认为科技催生了新产品，产品在生产过程中逐渐完善并最终走向市场化应用，而淘汰掉旧产品市场的落后技术，从而淘汰落后产业；产业升级本身就是新旧技术的更替，这一点在以技术为核心，而非实业的产业中较为适用；科技创新带来过程创新和产品创新，在产业规模扩张时通过竞争淘汰落后产业，完成产业转型；以企业提升竞争力为中心视角，企业的转型升级重视企业价值和创新能力，学习和掌握新技术；引入了服务要素的视角，服务创新对企业发展壮大具有显著的促进作用，而对提高服务生产率的作用却十分微小。

科技创新能够以产业链的多维度作为切入点，从整体上为特种食品产业转型升级中的高端化、信息化、集群化、融合化提供多种多样的路径。并且科技创新能够随着交叉领域成果转化，为整体特种食品行业带来更多的机遇。

国家战略、政府政策驱动，企业的发展深受外部环境影响，而产业政策和相应法律法规体系是产业发展外部环境中的重要一项。政府推动产业转型升级是资源依赖型产业摆脱对市场完全依赖的手段，也是当前中国在实践中帮助这一类产业完成转型的普遍做法。政府与企业的双轮驱动模式吸引要素集聚，好政策能够引导资金，用宏观调控的方式从外部调整产业资源分配，弥补市场缺陷所带来的产业动力不足的问题。国家对绿色低碳发展战略能够约束并引导特种食品产业朝着可持续的方向发展。

二、区域分工理论

（一）比较优势理论

绝对优势理论：绝对优势是指个人、公司、地区或国家与竞争对手相比，在单位时间内以相同数量的投入生产更多数量的商品或服务，或在单位时间使用较少数量的投入来生产相同数量的商品和服务的能力。该理论对国际分工与经济发展的相互关系进行了系统阐述，认为不同国家或地区在各自的产品生产和产业发展上拥有独特的优势，对于相同产业来说，各地区则存在生产成本的差异。

相对优势理论：比较优势是一方以比另一方更低的机会成本制造商品或生产服务的能力。在经济发展的三维图中，如果保险经纪人得以生产出成本相对较低或生活自给自足的产品，即在进出口贸易之前，边际收益相对较低的商品销售，那样他们就比少数人有基本的优势。基本优势描述了个体资本、正规公司或国家从进出口贸易中获得的投资收益的经济发展现实。鉴于要素禀赋或新技术的发展，这些投资的收益并不完全相同。相比较于单位时间工作量未知的产出（劳动管理工作效率）或单位工作量未知的材料投入（金钱价值工作效率）的压倒性优势，一般认为比较直观，但不太准确：只要每个国家生产的产品的销售成本不同，生产的产品进出口都是可行的。

压倒性优势仅在两种特定情况下才有可能，即每个生产商在所生产产品中的某些商品的销售中具备压倒性优势。如果生产者缺乏任何压倒性优势，那么绝对优势理论的中心论点就不一定适用。与预期相反，如果制造商及其进出口贸易伙伴得以参照结合自身的相对劣势进行专业化生产，那么他们仍有可能从进出口贸易中获得投资回报。

由于各个不同地区的特种食品产业存在生产成本和生产率上的差异，特种食品产业的比较优势主要源自不同地区已有的食品产业链，例如已经存在竞争实力强、知名度高的特殊食品企业或者产业的所在区域，它的发展潜力、生产成本和劳动生产率都是相对可观的。运用特种食品的比较优势理论，目前在国际或地区上制约我国特种食品产业发展的主要是劳动生产率，在国际或者不同地区分工中应当发挥相对优势，让各个地区承担各自具有高产出投入比的环节。

（二）产业集群理论

业务集群是特定领域中相互关联的企业、供应商和相关机构的地理集中地。集群被认为可以提高公司在国内和全球范围内竞争的生产力。产业集群作为目前社会产业发展的一种经典的空间组织模式，其强大的竞争优势在国际范围内长期受到重视，产业集群主要指以中小型企业为主体，围绕这一主要类型的一系列相关企业、研究机构、行业协会、政府服务组织集中分布在同一片区域的经济现象，它既是商业主体主动的互动和集结，又是市场被动催生的一种高效率、合理化的产业组织模式（图2.2）。

特种食品产业要形成产业集群需要具备三个要点：

特种食品产业集群是经济活动在某一空间区域聚集的现象；特种食品产业集群是完

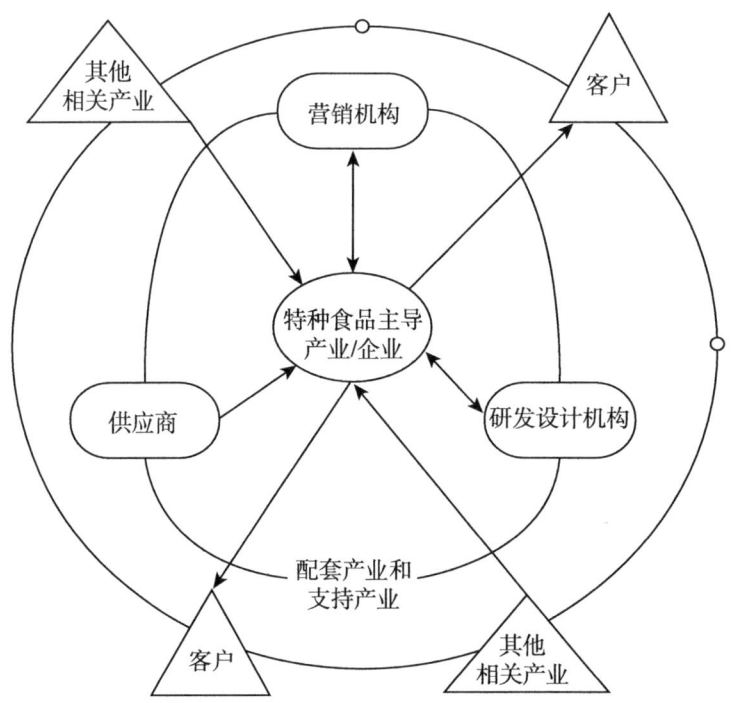

图 2.2 特种食品产业的基本构成

整的经济组织系统,包括与某一产业的投入、产出和流通有关的各行为主体;特定的地方优势食品产业是特种食品产业集群形成发展和壮大的核心和前提。

特种产业集群的发展理论主要有两种:

1. 地域生产综合体理论

此理论由苏联学者提出,主张地域生产综合体是一个以专门化企业为核心的典型产业集群,其他与该核心依附、关联的企业围绕核心共享基础设施,存在正式和稳固的投入与产出关系,即形成特种食品产业集群的一种方式是围绕着核心特种食品企业进行搭建。

2. 新产业区理论

新产业区以该区域的劳动力市场为基础,由社会分工联系在一块并组成地区企业网络。区域内的劳动力市场网络和企业网络的特性和学习与创造力是使得产业产生竞争优势的主要原因,一旦新产业内部的创新网络发展壮大,产业区域就能够出现自我完善和自我强化的良性循环系统,让产业区保持生命力、竞争力和创造力。

特种食品产业的发展壮大离不开产业集群化,特种食品需要依托研发制作、临床应用管理、营养成分的分析检测、食品质量安全检测及质量控制、食品功能评价等一系列流程分工,形成产业集群才能够满足创新需求,形成低成本竞争优势。在食品产业中也有着相应实践,例如许多地区政府会组织规划食品产业园,发展食品产业集群是推动农业现代化、创新产业融合、实现工农商互融互促的有效方法。现今的特种食品产业集群发展主要依靠三种类型:依托地区特有资源;政府、政策推动;由具有地区特色的龙头企业带动。

三、产业链理论

产业链可简单地概括为产业相关企业的有序集合,从四个维度进行解析包括:价值链、企业链、供应链以及空间链。在阐述产业链之前需要先对价值链和供应链的概念进行梳理。

价值链理论源自西方经济学,每一个企业都是在设计、生产、销售、发送和辅助其产品进行种种活动的集合体。所有这些活动可以用一个价值链来进行展示,企业在某一个行业中从建立到生产经营、产品销售、制定策略与推进的线路,以及企业通过这一系列操作之后所产生的最终经济利益组成。特种食品产业的价值链涉及特种食品科技产品研发部、原料供应商、加工厂商、分销商、物流、零售商等(图2.3)。

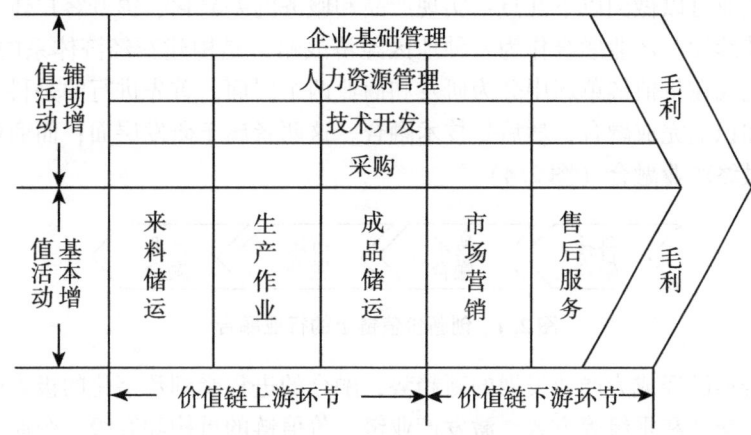

图2.3 价值链的基本构成

供应链是指企业在生产经营过程中,从原材料的组成和购买环节,到最终产品的流通环节所组成的上游到下游的一个网络结构,供应链常被视作为一种业务转型工具,供应链管理目的在于满足客户需求。现如今企业与企业之间的竞争,本质上也是企业所在供应链之间的竞争。特种食品产业要做大做强,需要利用高效的供应链管理促进整个业务运营过程中更好的规划和预测。特种食品企业能够定期采购原材料并根据预测的要求进行存储,使得市场的供应与需求保持一致。供应链整合物流和产品创新战略,可以让特种食品企业更动态地适应波动的市场、紧急需求和更短的产品生命周期。

产业链是基于相关企业价值链理论的一种新的空间组织形式,由沿着增值商业活动的关联企业组成,组成有序链式集合的目的是满足特定的需求、生产特定产品或提供特定服务。产业链具有四个基本特征:①它是特定产业集群区域内相关企业的集合,与集群内政府和相关组织有着密切的联系。②产业链上的企业之间有着长期的战略联盟关系。③产业链是多个独立企业的联合,而不是彼此孤立。④产业链上的企业联盟在各方承诺的关键性领域中能够在商业上保持独立运营。

利用全产业链模式，对我国特种食品产品的流动体系优化整合，以及对提高特种食品产品流通效率、推进其产品现代流通体系建设有重要作用。全产业链特种食品产品流通模式不仅可以提高产品流通效率，还能够提升产品流通各环节的商业收益，为消费者带来更多福利。在探寻产业链时，挖掘特种食品上下游产业资源，构筑从种养、加工、物流仓储、销售的全面发展模式，是加速扩大产业规模，打造特种食品产业集群的首要目标。

四、产业融合理论

产业融合为企业组织提供了最基本的增长机会，并将根据数字商业原则，通过将重点从单个产品转移到跨行业价值体验，重新定义行业边界。企业可以通过数字化和自动化来改变事物的设计、制造、拥有和运营方式。通过借鉴融合行业的最佳实践并汇集多学科职能，企业可以做到以下几点：实现产品和服务的差异化、提升客户体验、提升效率和发展可持续性。产业融合作为一种地区经济战略，是构建新经济体系的重要环节。产业融合的完成在价值链革新中分为研发和商业两个层面。首先进行的是科学融合，在产业的基础知识上完成融合，然后是技术融合。这两者属于研发层面；而商业层面包括市场融合和最终产业融合（图 2.4）。

图 2.4　创新价值链上的行业融合

产业融合早已经成为产业发展的新趋势，融合的进程受到数字化的极大影响。它通过产业渗透、交叉和重组等方式，激发产业链、价值链的重构和升级，令原有的产业功能、形态、组织方式和商业模式发生重大变化。

发展特种食品本身就是产业融合的过程，通过特种食品这一概念，将已有的食品产业资源进行整合和创新，有利于整合特殊膳食食品和航空航天、远洋航行食品等特殊应用的食品产业链。特种食品产业融合具有促进传统食品产业创新、促使食品市场结构在企业竞争合作关系下的变动不断合理化、提升产业竞争力、推动区域经济一体化等经济效益。产业融合已然成为产业发展选择。

五、特种食品数字经济产业发展理论

人工智能等新兴技术可以将当今社会生产的产品活动数字化、智能化，并生成能够记录、存储文件和相互交互的数据库数据，以及相关信息和计算机知识，定向分配到新的活动和应用到经济发展规律中去。近十年来，数字经济发展势头强劲，已成为我们国家引领新时代、推动经济社会高质量发展的"火箭"。随着时间的推移，我们国家将全方位进入数字经济发展时代。结构调整、数字化转型升级趋势日益增强。

许多国际机构和组织都对数字经济的定义作出了概括，其中以 2016 年 G20 杭州峰会发布的有关数字经济的《二十国集团数字经济发展与合作倡议》中的定义最为权威。数字经济所界定的经济活动有以下三个重要特征：将数字知识和经济划入生产要素，将现代信息互联网作为这些生产要素的主要承载体，将通信技术的高效利用作为现代数字经济结构优化的关键推动力。我们能够认为，围绕数据这种关键的生产要素所进行的一系列生产、流通和消费的经济活动的总和被称为数字经济。

目前数字经济对产业发展的推动，主要靠"产业数字化"和"数字产业化"两种方式。产业数字化：指利用现代数字通信技术、互联网、AI等技术对传统产业进行全链条的改造，使数字技术与实体经济各行各业深度融合发展。数字产业化：指在大数据、区块链等数字技术的背景下，数据本身拥有的价值提升，使得数据也作为一种新兴产业要素，得到商业化、市场化和产业化应用。

在《数字经济分类》中，数字经济被分为：数字产品制造业、数字产品服务业、数字技术应用业、数字要素驱动业、数字化效率提升业五大类，数字化技术能够从以上五个角度，对食品产业进行转型升级。

数字经济浪潮在关注营养数字化、需求个性化的特种食品领域，有着关键推动性作用。这一大背景所带来的新产业思维模式将为特种食品产业带来新的发展。这种新的模式是解决特种食品行业痛点的未来特种食品行业发展的新模式、新业态。特种食品加工业以人体各种营养需求、人体的生理健康状况、食品原料的化学成分等数据驱动产业链体系，制造和予以精确或定制的服务。尤其是在特种食品这一类注重特殊化、个性化需求的食品上，更需要借助智能化、信息化的数据来驱动产业链条，实现资源和产品的最优配置。

六、数字技术赋能特种食品技术创新

数字技术赋能制造业技术创新理论为特种食品企业指明了一条数字化发展路径，能够总结为使用数字技术对创新主体、创新过程、创新成果三部分进行赋能。该理论的主要范畴有以下五点：

1. 特种食品企业智能化

智能化转型是特种食品企业实现数字创新的基础。依托分散式信息系统，通过进行信息化建设、统一信息系统和柔性制造，达到食品研发智能化、食品生产制造智能化、物流智能化、运营智能化。初步达成数字化平台和数字化基础设施两大要素的构建。

2. 创新知识共享

在完成智能化后，针对数据驱动不足的问题，搭建特种食品相关知识系统，发展大数据应用，在企业进行新型特种食品开发时，能够对生产数据进行收集分析，在企业内部进行数据共享。从而实现数据驱动创新，丰富企业内部知识，实现高效管理。

3. 特种食品产业链数字化创新

数字化创新重点在拥有能够辅助产品研发生产的数字化工具，如操作门槛较低、可视化程度高的应用软件。在完成智能化后，能够依托数字化工具辅助设计，通过产品数字化开发以及可视化创新，解决研发效率低的问题，进而实现精益研发与自主创新。

4. 特种食品集群/企业内部协同创新

在特种食品产业内部企业达成数字化创新与创新知识共享后,企业内部或全产业链能够通过完成研发数据协同,网络化协同开发,结合用户深度共创,实现全产业链协同开发甚至全球协同开发。

5. 特种食品的产品/服务数字化

产品服务数字化是满足用户对食品需求个性化趋势,并且避免同质化竞争的手段,通过对技术进行整合和产品智能化,提供个性化定制服务,实现精准营养,进而构成产品生态圈,完成用户消费体验升级。高水平的食品服务数字化能够将特种食品本身特点从企业主导转变为用户需求主导。

第三节 特种食品产业的结构及特点

一、产业结构

产业结构是一个国家或某个领域在生产中的产业组成状况,产业结构又称产业体系,指产业内部各生产要素之间、产业之间、时间、空间、层次的五维空间关系,通过描述产业结构能够更好地了解产业的构成以及各产业之间的联系和比例关系。

(一) 特种食品产业链结构

特种食品产业链上游大多由第一产业的农副产品等原料和生产设备供应商组成,原料一般分有谷物、水果、蔬菜、肉类、水产等,对应着种植业、养殖业、捕捞业、食品包装业、生产设备制造业等;中游主要围绕食品加工业组成,特种食品产业的科技、人才、资金等资源主要集中在这一节点上,一般分有食品研发、食品加工生产、食品质量检验检测等要素;下游主要由特定合作机构、电商、批发商、零售店、消费者等要素组成,一方面,特种食品能够通过与企业、机构单位合作,对特种作业和特殊应用场景的群体进行定向产品设计和供应;另一方面,特种食品在经过合适的品牌营销后,能够向普通消费市场进行市场拓展,面向普通消费市场(图2.5)。

根据产业链的理论合理地将知识密度高的中游产业向下游或上游延伸,通过产业链整合、连接机制或经营模式创新获得最大的效益,是食品加工产业的发展趋势,也是特种食品产业发展中的一大发展方向。

(二) 特种食品产业与其他产业的联系

目前特种食品产业的发展仍处于依托食品行业中的方便食品、罐头食品、特殊膳食食品、营养健康食品、绿色有机食品、基因食品、预制菜品等行业的状态。因此特种食品产业在一定程度上依赖食品产业融合、食品产业集群化发展,研发和制造特定需求的特殊产品,对企业整体创新水平要求很高,离开集群发展的特种食品企业会面临创新乏力、产品品类单一的问题。

绿色食品、有机食品被预测成为未来消费食品的主旋律。然而绿色食品和有机食品

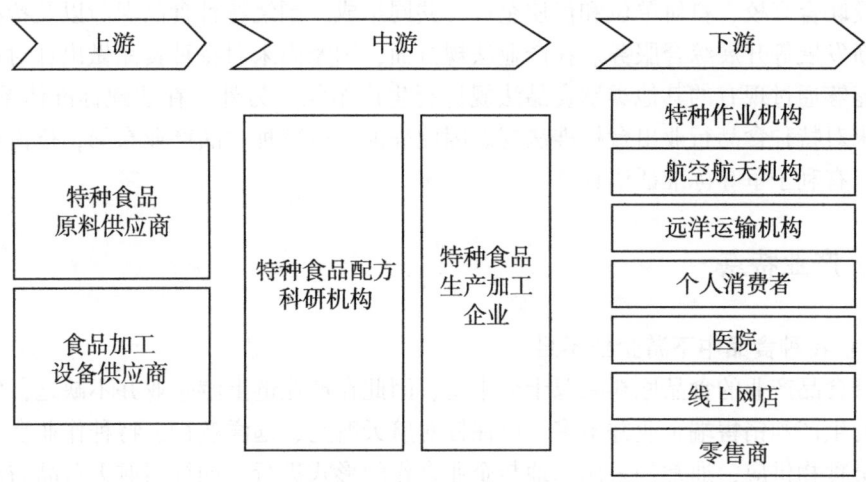

图 2.5　特种食品产业链

从生产基地到消费者手上的各个环节都有着严格的约束标准。由于各国对食品安全的要求存在差异，特种食品归类下的各类食品大多是有特殊规定的特殊食品，报关流程要比普通食品复杂得多。因此在进行出口产品研发时，特种食品往往要比普通食品考虑更多的食品物质授权、标准检测等因素，并且要根据出口国家的标准进行针对性产品研发。

(三) 特种食品产业的区域化布局逐渐开始形成

国内目前对特种食品产业的布局仍比较缺乏，在媒体上只能够发现个别地区政府对特种食品产业进行牵头和布局。以入选山东省特色优势食品产业集群的青岛市城阳区特种食品产业集群为例，由山东省人民政府为主导，初步形成了特种食品产业链的集群效应。他们提出了关于打造"政产学研金服用"创新创业协同体的产业建设意见，联合当地食品行业相关大学、研究院等机构作为特种食品领域的科创平台，联合了沃隆、青食等各地骨干食品企业，不断集聚其他地区各大龙头企业进行协同创新。此外，与各在特种食品领域具备优势的高等院校，组成特种食品创新创业共同体，由城阳区政府带动，结合当地优秀食品企业，再依托当地高校研究院增强创新能力，将特种食品科研创新需求以及地区现有产业优势相结合，初步形成了"政产学研金服用"创新创业共同体，是特种食品产业布局的优秀典范。

(四) 当前特种食品产业仍处于起步状态

在企业和科研单位方面，长期以来，与特种食品相关的企业与研究所都零散地分布在上海、黑龙江、海南等各个地区，没有形成以特种食品产业为核心的产业集群。而在2020—2021 年，由于特种食品相关概念的发展和地区政策出台，在新疆、内蒙古、辽宁、陕西各地开始出现新的特种食品企业与研究所。其中，山东省更是首次将特种食品产业园建设列入地区重点发展项目，并且以打造国家级特种食品技术创新中心为目标，推动特种食品产业，打造创新创业共同体，目前已初步形成集群效应。

在产业机构建设方面，中国食品工业协会 2 781 特种食品工作委员会于 2022 年在北京成立，在中国食品工业协会牵头带领下，由中国食品工业协会、相关领域领导和专家,以及联合高校、科研单位和优质企业等共同组成,围绕特种食品保障以及特种食品产业创新发展等开展综合服务。在产业法规方面,国家尚未对特种食品做出针对性的法规,但能够通过现有的其他类别食品法规进行生产组织。另外,在法规标准体系方面,国内尚未对特种食品行业出台标准法规。因此提前进行特种食品产业布局,抢占行业领头位置,有利于争夺标准话语权。

二、产业特点

(一) 特种食品中下游企业不足

特种食品产业的食品原料来源十分丰富,因此在产业链上游企业并不缺乏,但在特种食品的生产和销售端企业并不多。以往针对航天航空、远洋航行、特种作业食粮等场景的人员食物供应,通常是采用基地与企业合作的形式进行。如神州航天食品与永达食品和舟富食品两家企业进行长期合作,提供了航天员一半以上的航天食品。这种形式在以往社会整体个性化食物需求较小的背景环境下,能够完成供应和需求的匹配,满足特种环境人员的食品供应,但在个性化需求增加的社会背景需要形成产业的情况下,这种零散的合作方式难以形成产业集群,也不足以形成足够的市场竞争,在缺乏竞争的情况下,企业和整体产业的发展质量更容易缺乏活力。

(二) 特种食品与数字化食品发展趋势相吻合

2019年,网上食品快递(OFD)的总市场规模和用户分别约为7 270亿元人民币和4.12亿元人民币。这一趋势为改善食品供应和可获得性带来了机遇,相比于一开始只提供快餐和简单餐,OFD行业提供了更大的产品多样性和更高的质量,包括新鲜食品、熟食、杂货和保健品。OFD在销售端为数字化食品打通了一条由生产者通往消费者的快速通道。

特殊食品诞生的目的在于服务特殊群体在特殊作业环境下的特殊需求,对比传统食品具有个性化的特点,而为了满足个性化的需求,必须依托数字技术来升级产业生产和销售流程。《中国制造2025》、工业4.0的提出,为产业供给侧的生产作业带来了整个制造业数字化转型的风潮。根据目前国内外的数字化食品研究,主要能够根据作用的产业链节点不同,分成以下几个方向:数字化食品产品营销、数字化供应链改造、数字化食品加工等。在营销上依托大数据和人工智能技术,能够为特种食品目标群体用户进行定向推荐,拓宽潜在市场。

(三) 特种食品产业有较好的政策保障

特种食品产品多属于特殊食品,这类食品都有专门的法律法规进行限制,并且受到质量管理。特殊食品领域一直以来就按照《中华人民共和国食品安全法》的要求实施严格监管措施。因此特种食品中涉及特殊食品的企业需要在严格的规范内谋求发展。

得益于我国有着严格的食品安全监管力度,在多业界联合努力下,中国特殊食品的安全重视程度、管理要求、保障成本、合格率达到最高。这一结果也反映了我国食品安全政策有成效,以及我国食品质量检测相关产业综合能力增强,能够降低食品安全事故风险,能够为食品产业整体长期维稳发展提供约束力,支持特种食品产业安全发展。

中国保健食品注册管理制度已经实行二十余年，我国保健食品的注册没有模式、经验参照，但在业界的共同努力下，形成了科学完善的管理制度，国家市场监督管理总局组建特殊食品注册管理司，实现注册管理的稳定过渡，如今仍在市场的选择中不断优化。并且目前我国关于特殊食品的相关法规一直在跟随着产业发展更新频率持续更新。中国食品工业协会创建于1981年，并且在2022年提出推进特种食品产业发展，其职能在于加强行业管理，为特种食品行业发展提出政策、法规、标准方面的建议，搞好食品卫生和质量检查，提高科学技术水平。

（四）特种食品产品特点

1. 产品注重效率与健康

特种食品应当让消费者避免烦琐的制作步骤，能让从事特种作业的特殊人群在缺乏食物制作工具的情况下完成进食，并且将营养与口感相结合，符合当下健康化的食品行业发展趋势。在不同的特殊环境下，对应的食品健康和营养需求会发生改变。例如在远洋航行中，船员会由于长期处于航行状态，食物较难保存且种类匮乏，船员通过食物所获取的营养不均衡，所以航行中更偏爱方便快捷、口味丰富和营养齐全的食物。因此特种食品产品在研发层面上需要与预设的环境需求紧密结合，这要求产业能够具有比一般产业更强的产品科研能力。

2. 用途特殊

不同的应用场景对特种食品有不同的要求，技术高度发达的现代生活中特种作业任务是多样化的，食品与消费者个性化需求的高适配度意味着产业规模难以靠单一的产业流水线发展壮大，产品线需要与智能化、信息化系统进行紧密的对接，运用数字化技术来提升产品线的灵活度。

（五）特种食品科技含量高，产品附加值高

高附加值产品，指"投入产出"比较高的产品，售出的产品含有较高的产品附加值，企业的毛利润就越高。高附加值的产品的技术含量、文化价值等要素比一般产品要高得多。传统食品加工产业以农副产品加工、传统食品制作、酒与饮料制作为主，行业门槛不高，而随着加工越精细，科学技术含量越高，产品附加值也就越高。

一款出色的特种食品的研发需要专业人员投入资金和技术，例如现在火爆的预制菜品，需要针对食材的不同特点，运用不同的制作方法有针对性地进行菜品开发，这要求菜品研发人员对各类菜品的食材进行数据化分析，精准化确定食物中成分含量与配比，通过中心厨房集中生产，然后科学包装保持菜品符合商业标准的食品无菌环境；为了维持食品的新鲜度和口感，部分菜品还需要采用冷链进行运输存储。通过一系列技术的运用，令特种食品摆脱传统食品的低端同质化竞争，逃离"打价格战"的怪圈，打造具有品牌竞争力的高附加值、高端化、高品质的产品。

（六）特种食品具有品牌价值优势

目前中国制造向中国智造转变，中国速度向中国质量转变，中国产品向中国品牌转变。品牌是企业参与市场竞争的核心资源，品牌能够帮助人们轻易地辨别出某一个企业或者产品是同类竞争产品。特种食品概念源自军用食品，有独特的情怀和实用价值，与一般食品存在差异化，能够形成竞争优势；并且产品本身特点鲜明，便于传播，不仅能

够取得目标特殊人群的消费市场，在对营销策略进行打磨后，特种食品能够吸引到追求高端消费的消费者，在品牌打造上具有一定优势。

（七）特种食品创新与相关产业链创新相辅相成

特种食品产业并不是一个新兴的产业，而是在人们对食品营养需求的提升、绿色食品概念的普及、自我健康管理理念的兴起等社会环境变更下，由传统食品产业所衍生出来的一类针对特定市场人群的食品产业，这一产业仍然依靠着食品产业长期发展所积累下来的涵盖产业链、供应链流通、加工、营销等诸多环节的产业体系。

如在预制菜中，水产品难以用来制作预制菜，因为当使用高温杀菌处理鱼类水产制作预制菜的话，难以维持正常烹饪的风味；而如果打开鸡汤预制菜的包装后，将有一只整鸡和浓缩鸡汤料包，即使不会烹饪的人都可以快速煮一碗美味的鸡汤。食品保鲜技术在特种食品加工中起着重要作用。预制菜在食品的保鲜问题上的解决方案是在城市中设置中央厨房（类似食品加工厂）将原料进行预制处理，通过生产半成品以及控制菜品熟度，将烹饪流程简化，然后再配送到B端或者C端。通过将加工流程前置到消费端所在区域的供应手法来解决预制菜的保鲜时长不足短板。若食品的保鲜技术能够突破到更高的高度，则不需要设置更多的分布在各地的中央厨房，而应该采用更节约成本的流水线大型工厂，帮助特种食品产业摆脱地域上的限制，实现更远距离的配送和仓储，也能够满足特种食品的个人存储应急需求。

整体产业的创新不依靠某产品的创新或者某冷藏、仓储技术完成。特种食品产业链贯穿一二三产业"农头、工中、餐尾"，从原材料种植研发、冷链运输、食品研发、食品加工、包装、销售各方各面的创新都能够为特种食品产业发展带来机遇。正如食品保鲜技术能够延长特种食品的保鲜时长，同样的，在很多其他的食品研究领域的创新也能够为特种食品发展注入活力。营养强化剂在普通食品、特殊食品上的应用研究，也能够为特种食品中针对目标用户营养不良的问题带来提升。目前国内的产业和科研在跨领域、跨产业、交叉学科上的成果转化是存在不足的。

第三章
国内外特种食品行业发展现状研究

第一节 国外特种食品行业发展现状

由于人们生活质量的不断提高和对健康的日益重视,对营养保健食品的需求急剧上升,使得该领域的市场份额不断扩大。据《营养商业杂志》数据显示,全球膳食补充剂市场消费总量2017年达到1 283.61亿美元,到2021年,这个数字已经攀升至1 566.39亿美元,其中复合年增长率为5.1%。

随着医疗技术的不断进步,对特殊医疗食品的需求也越来越大(图3.1)。在全球范围内,从2014年起,特殊医学食品的总计销售额就能达到583亿元,并且在2014年到2018年,均按照6%的增长速度逐年上升。即使近几年增速有所下降,但依然保持增长。特别是2021年,特医食品市场规模达到了927.6亿元,比2020年增长巨大。预计到2028年,这一数字将达到1 353.5亿元。

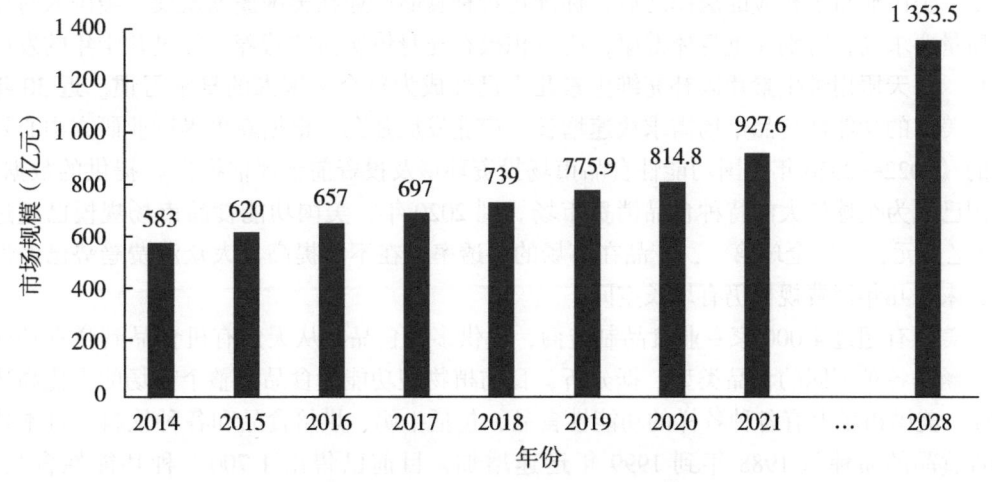

图 3.1 2014—2028年全球特医食品市场规模及预测
(资料来源:2021年中国特医食品产业运行大数据监测分析报告)

根据地区分布来看全球的特种医疗食品规模,欧美的消费总额度处于全球首位,达到了400亿~500亿美元,名列前茅。对于中日韩等亚洲一些国家来说,其影响不容忽视,他们占据的市场规模为150亿~200亿美元;澳大利亚仅在一年内就消费了价值

4 000万美元的医疗食品,而新西兰特殊医疗食品的年消费额为250亿~400亿美元。从2014年到2020年,医疗器械规模食品市场增速迅猛,从583亿美元增长到814.8亿美元。虽然在近两年略有下降,但市场增速仍然能够维持在5%左右。随着全球老龄化趋势不断加剧,特殊医疗食品的需求量将进一步增加,从而推动行业市场规模的扩大,使行业有望实现千亿美元规模的突破。

随着人们生活需求的不断提高,对功能性食品的需求量不断上升。从全球范围看,功能食品行业正处于从萌芽阶段到蓬勃发展的过渡期,规模不断扩大,市场份额逐步提升。近年来,美国、日本和欧洲功能性食品产业迅速地发展,他们销售的功能性食品可以占世界的绝大部分。美国作为发展水平最高的国家,其特种食品的市场已经成为世界范围内最具有活力的市场,在全球的特种食品行业地位举足轻重,在2000年初,美国的功能性食品市场规模已达182.5亿美元,占全球功能性食品市场销售额的38%,占美国食品市场总销售额的2%~3%。

由于各个国家和地区的经济发展水平不同,其食品工业的发展也大相径庭。因此,对国外特种食品行业发展现状的研究主要针对水平较高的国家和地区食品工业的发展。下面将分别对美国、欧洲和日本特种食品行业的发展现状进行分析。

一、美国特种食品行业发展现状

在20世纪前期,美国已经开始发育膳食补充剂,也就是现代特种食品的前身。近二三十年来,其特种食品产业的发展速度已经进一步改进。特别是在20世纪90年代中期,美国颁布了相应的法律之后,标准化特种食品产业在美国蓬勃发展。美国人对生活质量要求高,特别注重身体健康,愿意积极补充身体所需的营养。经过几十年的发展变化,每天服用维生素片以补充维生素几乎已经成为每个美国人的日常习惯。近30年来,美国的功能性食品市场需求快速增长,产业发展强劲。根据新思界行业研究中心发布的《2022—2026年美国功能性食品市场投资环境及投资前景评估报告》提供的数据,美国已成为全球最大的特种食品消费市场。到2020年,美国功能食品市场规模已超过650亿美元,位居全球第一,产品在市场的渗透率也在不断提高,大众消费趋势已经形成,未来几年消费规模仍有增长空间。

美国有超过4 000家专业食品制造商,提供多种食品,从天然有机食品到膳食补充剂,涵盖各种不同的食品类型。据分析,目前植物型功能性食品在整个市场的占比高达70%。美国市场上有各种各样的功能性食品,包括牛奶、烘焙食品和各种饮料。日本功能性食品的品种从1988年到1999年迅速增加,目前已售出1 700多种功能性食品,1999年销售额更是高达140亿美元。这些食物是由多种不同的成分组成的,其中包括各种维生素、矿物质元素、蜜蜂产品、抗氧化剂以及其他营养素。中国有1 700多家功能性食品生产企业,提供3 000多种不同类型的产品,其功能包括提高免疫力、减轻身心疲劳、降低血脂等。从来源分析,植物性功能性食品约占市场份额的73%。在美国市场,维生素和饮食补充剂是功能性食品中最大的部分,占整体市场的50%以上;其次是运动保健品,占比接近20%。

从市场结构来看，在消费者需求持续增长的刺激下，美国功能食品市场发展迅速，巨大的发展空间也吸引了众多市场竞争者。市场上功能性食品品牌的数量不断增加。具体来看，2020年美国市场从事功能性食品生产的企业品牌有：沃尔玛、Walgreens、天维美、CVS、康宝莱、Treasure of Nature、Cell Function、5-Hour Energy、Jasmine等。功能性食品行业中产能排名前十企业的产能总和占全国产能总和的比例（简称CR10）不足20%，市场集中度低，尚未形成具有较大竞争优势的本土企业。

一位美国市场分析师表示，近年来，随着健康意识的不断提高，美国消费者越来越注重个人健康，更愿意选择健康食品，这也为国内功能食品市场的发展提供了良好条件，消费需求保持快速增长趋势。目前，美国功能食品市场集中度较低，尚未形成具有较大竞争优势的国内企业，海外品牌在市场上有较大的发展空间。

在产品分类方面，根据不同的消费群体，美国研究人员将特种食品分为专用功能性食品（婴幼儿食品，促进儿童智力发育的食品、用于孕妇保健的食品、延缓身体机能衰老的保健食品、提高运动员表现能力的食品）、营养功能性食品（营养补充剂、广谱保健食品）、防病功能性食品（降低血脂和血糖、降低血压，增强骨质强度）。下面将从专用功能性食品、营养功能性食品以及防病功能性食品三大类来分析美国特种食品行业的发展现状。

（一）专用功能性食品

近年来，美国在特殊功能食品的研究上取得了很大的成就，并逐渐从特种食品转变为老百姓买得起、吃得着的产品。近年来，越来越多的研究表明肠道菌群对健康有重要影响。研究人员开始探索在食物中添加特定的益生菌或益生元以促进食用者的肠道菌群健康。另外，运动后，身体需要蛋白质来帮助恢复和重建肌肉组织。研究人员一直在探索不同种类和数量的蛋白质对运动恢复的影响，并正在研究如何在食物中添加蛋白质以更好地支持运动恢复。此外，越来越多的研究表明，饮食对心血管健康和大脑功能有重要影响。研究人员正在研究如何在食物中添加omega-3脂肪酸和叶酸等营养素，以改善人的记忆力和认知功能，同时降低患心脏病和中风的风险。还有一些研究表明，一些绿色蔬菜和水果有助于降低某些疾病发生的风险。研究人员正在研究如何将这些营养素添加到食物中以维持健康。其他研究人员正在研究如何向食物中添加营养物质，例如长期消化的碳水化合物和膳食纤维，以帮助控制血糖水平，从而控制糖尿病。

在美国的特殊功能食品类别中，婴幼儿乳粉是最重要的食品之一。美国对乳粉的监管一直很严格，很早就属于药品范畴。在美国，婴幼儿配方乳粉不仅要符合食品的行业标准，还要符合药品监管部门对药品的要求。为确保质量和安全，这些产品的奶源必须来自美国，其他原料需要接受美国食品药品监督管理局（FDA）对食品添加剂安全指数（GRAS）的评估。婴幼儿配方乳粉必须有科学依据，并经过美国FDA的90天预审。

近年来，美国婴幼儿配方乳粉一直供应短缺，不断激发着民众的怨气。根据Datassembly发布的最新数据，截至2022年5月22日，全美婴幼儿配方乳粉的短缺问题不断加剧，缺货率已经攀升至70%，在一周之前，这一数据还是45%。这主要是由于全球范围内的疫情导致了物流和供应链的紊乱，导致乳粉生产和运输的困难，全球对奶制品需求的增加和市场竞争的加剧也对乳粉的供应和价格产生了影响。此外，近几年中国等国家对美国乳粉的需求量也在不断增加,进一步推高了价格和需求。这些因素导致了乳粉供应链的瓶颈,部分品牌的乳粉供应不足,部分消费者需要等待更长时间才能购买到所需的产品。针对乳粉缺货的问题,美国政府和乳粉生产厂商都采取了措施来增加生产和供应。政府加强了对乳粉生产和运输的监管,以确保乳粉的质量和安全性,同时鼓励厂商增加生产和提高供应效率,并且决定增加进口量。而厂商则增加了生产线和生产量,同时加大了对奶源的采购力度,以确保乳粉的供应和质量。此次缺货事件凸显了整个行业供应链的过度集中和后备不足问题。自21世纪以来,美国的人口出生率增长逐步变缓并最终走向下降,这对美国的整体乳粉行业产生了一定的消极影响。此外,婴幼儿配方乳粉必须由美国提供奶源,其他原料需要经过美国食品药品监督管理局(FDA)对食品添加剂的安全性评估(GRAS)。为了确保产品质量和安全性,婴幼儿配方乳粉还需经过美国FDA的90天预审。20世纪80年代,美国就通过了一项法案,对婴幼儿配方乳粉的生产和标准进行了规范。2008年美国乳粉危机导致美国乳制品出口量下降,对全球乳制品市场造成一定影响。许多国家对美国乳制品的进口实施了更严格的监管措施。与此同时,美国乳制品行业也重新评估并提高了产品的安全性和质量。

同时,美国监管政策为婴幼儿配方乳粉市场的垄断现象提供了条件。美国食品药品监督管理局对婴幼儿配方乳粉的审批制度十分严格,需要制造商进行大量的研究和测试,才能获得批准。这种审批制度对于那些没有足够资金和资源的小型制造商来说是一个难以跨越的门槛,从而限制了竞争对手的数量。美国政府还为研发婴幼儿配方乳粉的制造商提供了一定的税收优惠和研究经费,使得这些制造商更有可能成为市场的主导者。此外,婴幼儿配方乳粉制造商可以申请专利来保护其配方和生产技术,从而限制其他竞争对手进入市场。为确保特种食品的安全和质量,美国食品药品监督管理局加强了对特种食品的监管,规定制造商必须遵守更严格的标准和要求。这些措施有助于提高消费者对特种食品的信心和信任度。

乳粉危机揭示了作为世界上最发达国家的美国在乳粉供应链上的不足之处。中国作为婴幼儿配方乳粉的进口大国,应从这次危机中吸取教训。早在2020年疫情初期,中国婴幼儿乳粉行业就受到了一定冲击,在一定程度上加剧了国内中小企业的危机感,加速了行业洗牌和格局变化。乳粉生产从原材料采购到物流运输再到最后一公里,供应链的完整性成为行业关注的焦点。不仅是乳粉行业,供应链的重要性也应该延伸到各行各业、各个领域。

(二) 营养功能性食品

美国营养功能食品市场的规模已经发展成为世界首位,其产业已经形成了成熟稳定的体系。在这个市场中,出现了一批具有悠久历史和重要影响的国际品牌,如GNC、NBTY等。

美国的营养功能食品主要分为以下几类。无乳糖食品:随着人们对乳糖不耐症和乳糖过敏的认识不断提高,越来越多的食品企业开始生产无乳糖产品来满足这一需求。高蛋白食品:人们越来越注重健康和健身,高蛋白食品逐渐成为一种趋势。越来越多的食品企业开始推出高蛋白食品,包括蛋白棒、蛋白粉等。膳食纤维食品:人们越来越意识到膳食纤维对健康的重要性。许多食品公司已经开始推出膳食纤维增强食品,包括麦片、酸奶、面包等。益生元和益生菌：益生元和益生菌被认为有益于肠道健康，因此越来越多的食品企业开始推出益生元和益生菌产品，包括酸奶、饮料、营养棒等。零食改良：许多传统零食变得更健康，例如蔬菜片、坚果和干果。与薯片和巧克力等传统零食相比，这些产品通常热量更低，营养更丰富。无麸质食品：无麸质食品逐渐成为一种趋势，以迎合人们患有乳糜泻或其他麸质过敏疾病，越来越多的食品公司推出无麸质产品，包括面包、饼干、麦片等。轻食：越来越多的人开始关注热量的摄入，许多食品公司开始推出低热量或零热量的产品，包括饮料、甜点等。

在美国，定期服用营养功能性食品的人占总消费者人数的 75%，老年人群中定期服用营养功能性食品的人数占比超过 80%，儿童人群中则为 33%。膳食补充剂是指一种食品补充剂，含有维生素、矿物质、草药、氨基酸或其他有助于增加每日膳食摄入量的成分。与药品相比，膳食补充剂的组成和剂型、预期用途以及说明不同。在美国，管理膳食补充剂的制度主要有两个主要特点，首先是产品无须向 FDA 注册和获得其批准；同时，产品标签必须声明产品不用于诊断、治疗、治愈或预防任何疾病。因为它不是药品，美国前些年对它的管理标准比较低，监管也比较松。在 2022 年 7 月，美国发布了新的膳食补充剂监管标准，禁止膳食补充剂声称能预防、治疗或治愈会对患者造成伤害的疾病，如阿尔茨海默病等。这个标准将会对膳食补充剂产业规模产生影响。美国是全球最大的膳食补充剂市场，其市场规模达到全球总量的 50%，而全球市场规模则高达 800 亿美元。据《营养商业杂志》的数据显示，2019 年美国膳食补充剂行业消费规模为 486.69 亿美元，年复合增长率为 6.15%，预计到 2023 年将达到 624.32 亿美元。同时，超过 60% 的美国膳食补充剂原料来自中国。

（三）防病功能性食品

作为保健品之一，预防疾病的功能性食品可作为调节血脂、血糖、血压、骨质疏松药物的辅助药物。其在美国的食品领域已经运营多年，在技术和安全方面得到一致认可，市场规模已经相当大。

近几年，美国在防病功能性食品方面进行了大量的研究工作，收获许多研究成果。2018 年有研究发现，每天服用高剂量的维生素 D 和鱼油可以降低肠癌的发病风险。一项 2020 年的研究发现，每天摄入芝麻和亚麻籽可以在一定程度上改善人体心脏健康，降低体内胆固醇水平，减少动脉硬化的发生。2021 年有研究发现，每天摄入一小块黑巧克力可以降低心脏病和中风的风险，同时也有研究发现，青少年多吃水果蔬菜可以改善心理健康，减少焦虑和抑郁的发生。这些研究成果正逐步转化为特种食品产品，为美国的防病功能性食品行业注入新的活力。

在降低血脂和降低胆固醇方面，深海鱼油一直是重要的特种食品之一，其主要成分来自深海无污染的鳕鱼。它含有天然维生素 A、维生素 D 和不饱和脂肪酸（又称 Omega3），具有软化血管、降低胆固醇等作用。来自美国的保健品品牌如 NatureMade、Dr. Tobias 等已经获得了最高质量等级 A 级检测，并且是美国医生推荐的知名品牌，在美国有很大的市场占有率。

在高血压领域，美国特种食品制造商发展了很多治疗和维持的食品药品，技术不断更新，药物副作用不断降低，高血压保健品也越来越受推崇。目前在美国比较受欢迎的高血压保健品牌有 NatureMade 鱼油，GNC 鱼油，GNC 银杏叶胶囊，GNC 卵磷脂软胶囊，Priaple 红曲米胶囊，Nowfoods 纯素牛磺酸粉等。由于它们具有良好的调节血压和保健作用，其品质赢得了美国消费者的信赖。

骨质疏松症是老年人常见的骨类疾病，它的预防通常比治疗更有效，因为它更容易防止骨质密度下降而不是修复骨量丢失后的骨密度，因此对预防骨质疏松症的特殊医疗食品有很大的需求。美国在该行业推出的保健品主要有钙片、营养补充品，氨基葡萄糖/硫酸软骨素片剂等。由于质量好，在中国市场上，进口的保健品在国内很多购物平台上都有很高的人气。

二、欧洲特种食品行业发展现状

欧洲地区良好的市场条件、生活水平和饮食习惯，产品结构和产业结构在不同国家和地区是不同的。近年来，由于欧洲共同体的扩大，欧洲市场的建立和欧元的使用导致了欧洲的特种食品行业的进一步发展。很多新变化、新技术，新原材料和新设备的不断使用更加促进了特种食品产业的发展。下面将从膳食补充剂、营养保健食品和预制食品三种类别对欧洲特种食品产业发展现状进行分析。

（一）膳食补充剂

近年来，欧洲市场上推出了许多新型膳食补充剂，欧洲特种食品行业的发展水平进一步提高。在欧洲流行的膳食补充剂产品主要有以下几种：①维生素 D_3：这种膳食补充剂含有天然维生素 D_3，有助于增强骨骼健康和免疫系统功能。它还可以帮助人体吸收和利用钙。②菊粉：这种膳食补充剂富含益生菌，有助于改善肠道健康和免疫系统功能，并有助于降低胆固醇和血糖水平。③鱼油：这种膳食补充剂富含 omega-3 脂肪酸，有助于减少炎症和降低心血管疾病的风险，并有助于改善大脑和眼睛健康。④螺旋藻：其含有多种维生素和氨基酸，可以帮助提高免疫系统、促进消化和改善心血管健康，还有助于降低体内毒素水平。

近年来，随着中华文化在全球的推广和人们对天然健康产品的追求，欧洲市场消费者对草药的需求和认可度不断提高，市场规模和影响力也在不断扩大。与传统的西医治疗相比，草药治疗被认为更温和自然，对人体的副作用和毒性更小，受到越来越多欧洲人的青睐。因此，欧洲草药市场正处于快速发展阶段，以草药为原料制成的膳食补充剂也深受欧洲消费者的青睐，被广泛应用于保健、疾病预防和治疗等方面。在欧洲膳食补充剂市场，草药产品的市场份额逐渐增加。英国、德国和法国是欧洲主要的膳食补充剂市场，其中英国的市场规模最大。德国消费者最热衷于在草药领域使用圣约翰草，而法国消费者则更喜欢大黄和金莲花等产品。

英国是欧洲膳食补充剂市场的领导者之一，最新数据表明，该的维生素、矿物质和补充剂产品销售额增长迅速。据报道，英国有 38%的成年人使用过这些产品，其中 75%是长期用户。膳食补充剂在药店销售中占据超过一半的市场份额，广受欢迎。特别是维生素、鱼油、月见草油等产品占据了较大的市场份额。这些产品被广泛应用于心脑血管、骨骼健康、免疫系统、消化系统等各个健康领域，随着人们健康营养意识的提高，其受欢迎程度不断提高。

德国的膳食补充剂市场规模很大，市场价值超过 10 亿欧元，并且在过去几年中一直保持稳定增长。随着人们对健康和保健意识的不断增强，膳食补充剂市场在德国变得越来越受欢迎。德国的膳食补充剂市场涉及多个品类，包括维生素、矿物质、蛋白质、氨基酸、益生菌和草药。其中，维生素和矿物质补充剂是最受欢迎的品类，这些补充剂通常被用于增强免疫系统、提高能量水平和保持身体健康。德国的膳食补充剂市场也受到了一些监管限制。例如，德国禁止出售某些类型的膳食补充剂，例如含有某些草药、氨基酸和重金属的产品。此外，德国的食品和药品管理局对膳食补充剂的成分、标签和宣传进行严格监管，以确保消费者的安全。总体来说，德国的膳食补充剂市场规模很大，市场竞争激烈，同时也受到严格的监管。随着健康和保健意识的不断提高，德国的膳食补充剂市场有望继续保持稳定增长。

法国的膳食补充剂市场在过去几年中也呈现出稳定的增长态势。根据市场研究机构的数据，法国的膳食补充剂市场规模已经超过了 10 亿欧元，并且预计在未来几年中仍将保持增长。法国的膳食补充剂市场主要涉及营养素、植物提取物、蛋白质和其他天然成分的补充剂。其中，维生素和矿物质补充剂是最受欢迎的品类之一。此外，法国的市场还包括一些具有特定功能的补充剂，例如用于减肥、增强免疫系统功能、调节心理状态等。法国政府投资部负责人说"保健食品和功能性食品产业潜力巨大，涉及农产品加工、医药、化妆品三大行业。"法国在保健食品和功能食品行业的发展处于欧洲最前沿。调查数据显示，在法国有 1/4 的家庭经常食用膳食补充剂产品，将近半数的家庭也有少量的食用。

与德国相比，法国的膳食补充剂市场的监管较为宽松。补充剂的销售和广告宣传不受太多限制，但是补充剂的成分和标签需要符合欧洲联盟的要求。此外，法国政府也会定期对市场中的补充剂进行检测和监督，以确保消费者的安全和权益。总体来说，法国的膳食补充剂市场呈现出良好的增长态势，但与此同时也存在一些挑战和风险，例如市场竞争激烈、监管不够严格、消费者对产品质量和效果的关注度不断提高等。

(二) 营养保健食品

近年来，全球的营养观念正在发生转变。西方发达国家的影响导致越来越多的人开始将食物视为维持和促进健康的重要因素，而不仅仅是填饱肚子或避免饥饿感。同时，人们对于食品对健康的潜在风险也更加关注，希望通过饮食来降低疾病的风险。在这个趋势下营养保健食品的需求也不断增长。根据《营养商业杂志》的数据，美国、欧洲和亚洲是全球营养保健食品市场的主要消费国家和地区。相对于亚洲和拉美这样的新兴市场，美国和欧洲的市场较为成熟，需求也相对稳定。不过，近年来，亚洲和拉美的市场在营养保健食品方面也发生了迅速增长。中国作为世界最大的营养保健食品市场，其膳食补充剂产品也广泛出口到全球各地。全球营养观念的转变以及人们对健康的重视，促进了营养保健食品市场的发展和扩大。不同地区的市场需求和消费特点也在不断变化，企业需要不断适应和调整自己的战略，以适应不同市场的需求。

营养保健食品是欧洲市场上最为普遍的功能性食品之一。欧洲是全球第二大功能性食品市场，早在 2001 年就占据了全球市场销售额的 32%，达到了 154 亿美元。从 2003

年到 2006 年，欧洲功能性食品市场的销售额不断增长，不过在近几年其增长状态趋于平缓。在 2001 年，德国的功能性食品市场销售额达到了 55.9 亿美元，约占欧洲市场的 40%以及全球市场的 12%。近年来，在保健食品消费领域，欧洲一直保持着全球范围内的领先。据《营养商业杂志》数据显示，2019 年欧洲膳食补充剂行业消费规模为 254.73 亿美元，较 2011 年增长了 3.38%，预计 2023 年将达到 304.49 亿美元。

综上所述，欧洲的保健食品产业发展非常迅速。随着欧洲人生活水平的提高，对健康的关注度也越来越高，这促使保健食品市场需求不断增长。欧洲保健食品行业以其丰富的原料、先进的生产工艺和受广泛认可的产品质量而闻名。欧洲各国拥有严格的食品安全监管制度，以确保保健食品的质量。此外，欧洲的保健食品产业具有强大的研发能力，不断推出先进的保健食品以满足消费者不断增长的需求。在欧洲的保健食品产业中，研发、生产、销售等环节紧密相连，形成了良好的产业生态。可以预见，欧洲的保健食品产业将继续保持稳定增长，并且在技术和质量方面继续领先于其他地区。

(三) 预制食品

预制餐是即食食品，可以不经烹饪直接打开，如罐头汤、包装谷物或冷冻晚餐，大多数预制餐都采用真空包装储存，避免与空气接触，以延长保质期。预制食品行业经过一段时间的发展，在欧洲进入了成熟期，随着产品的不断更新换代和经济技术的发展，市场将不断扩大。该行业的企业主要来自欧洲，产业集中度很低，2019 年排名前三的公司——雀巢、巴卡瓦尔食品和格林柯尔集团有限公司的收入市场份额总共为 10.78%，分别是 4.79%、3.14% 和 2.85%。英国凭借发达的经济和技术优势，成为最大的收入市场，2015 年市场份额为 28.47%，2020 年为 29.56%，下降 1.09 个百分点。2019 年法国以 20.97% 的市场份额位居第二，随着法国经济和科技水平的不断提升以及对预制食品行业市场潜力的挖掘，未来将保持适度增长。

自 2020 年初以来，COVID-19 已在全球蔓延。随后，包括欧洲在内的所有地区都实施了一级封锁，限制旅行。在这种恐慌的情况下，由于预制餐的保质期长和烹饪方便，消费者购买的数量和频率大幅上升，带动 2020 年预制餐的需求。可见，从制造业装配式成本结构来看，其膳食原材料、人工成本、运营成本和营销成本分别占 52.06%、14.32%、8.28% 和 11.09%。可以看出，预制食品主要受制于原材料供应和劳动力价格，而德、英、法等西欧国家的劳动力成本处于高位。东欧国家的劳动力普遍低于西欧，但近年来增长速度快于西欧国家。目前形势不利于欧洲预制食品行业的发展，供应商或将逐步拓展海外市场。

此外，由于生活方式的改变，越来越多的上班族和忙于学习的学生越来越喜欢预制食品，例如即食食品和罐头食品。许多人把时间花在工作上，甚至习惯于同时处理多项任务，这迫使他们近年来更多地依赖预制餐食和包装食品，引发了对预制餐食的需求。据调查，2015 年欧洲预制食品行业总市值为 506.0712 亿美元，2020 年增长至 643.2957 亿美元。预计到 2027 年，欧洲预制食品行业市值将达到 966.2428 亿美元。2019 年至 2027 年，欧洲预制食品市场年复合增长率预计为 5.15%。在便利性方面，省时省力的突出特点促进了预制餐市场的增长。具有传统风味和异国风味的预制餐的供应也是促成预制餐市场增长的因素之一，这将有助于满足时间紧迫的消费者的饮食需求，而不会影响他们的味蕾。

当今社会上，健康问题变得越来越重要。客户关于预制餐健康问题的负面认识阻碍了市场的增长。此外，肥胖和其他生活方式导致疾病的发病率上升预计会阻碍市场增长。因此，制造商越来越重视包装，因为包装在保持产品质量、口味、质地、颜色和保质期方面起着至关重要的作用。他们正在与包装公司合作开发先进和创新的包装，例如可生物降解的阻隔托盘，以扩大他们的消费者群。相反，要求越来越高的消费者为了营养膳食也为厂商推出快捷、美味、营养、健康的营养膳食产品提供了良好的机遇，以保持甚至扩大市场份额。

三、日本特种食品行业发展现状

日本是世界第三大功能性食品市场。21世纪初，日本的功能性食品市场占据了25%的全球市场份额。2003年日本功能性食品市场销量是117亿美元，但在2006年略有下降，达到了114亿美元。近年来，其消费量又呈现进一步上升趋势，2018年日本保健功能食品市场约为7115亿日元，比上年增长5.4%，其中功能性食品达到1975亿日元，增长15.1%。

日本的特殊用途食品在销售时必须标明其特定用途，并须经消费者部批准。为了保护消费者的健康和安全，特殊用途食品的标签内容需要由消费者司、专家委员会和厚生劳动省等多个部门联合审查，确保它符合规范和特定要求。在日本，特殊用途食品的市场规模也在不断扩大。随着人们对健康和营养的需求越来越大，越来越多的消费者开始关注这些具有特殊用途的食品，这些食品也越来越多地用于特定疾病的治疗和康复。因此，未来特殊用途食品的生产和销售将继续受到更多的关注和重视。

特殊用途食品是一种针对特定人群的食品，包括婴儿、孕妇、哺乳期妇女、吞咽困难者和患者，这种食品在日本需要经过消费者部的认可。同时，消费者司、专家委员会和厚生劳动省等部门联合审查标签内容是否恰当，产品是否符合规范、标准和具体要求。在日本，特殊用途食品的销售和标签受到严格监管。

（一）营养保健食品

特种食品产业，尤其是健康产业，在日本经济中扮演着至关重要的角色。该产业包括医药、医疗保健系统和保健品等三大领域，为预防、诊断、治疗和恢复健康等方面提供商品和服务。随着日本人口老龄化和寿命的延长，健康问题日益引起关注。尽管日本的平均寿命在全球排名第一，但人口老龄化趋势明显，国家在医疗方面的开支越来越多。因此，日本政府试图通过推广特定的营养保健食品来提高居民的健康水平，控制国家医疗开支的增长。自2013年起，日本政府将健康产业列为重点发展领域，并将该领域的发展作为国家战略的重点之一继续推进。预计到2025年，日本健康产业市场规模将达到33.1万亿日元，约合2万亿人民币，为该领域的未来增长创造了良好的前景。

数据显示，2014年日本健康服务市场中，保健品和营养品的比重达到了12%。根据日本消费者厅的分类标准，保健功能食品可分为特定保健食品、营养功能食品和功能性标签食品三类。在日本，保健功能食品的核心法律法规包括《健康促进法》《特定保健食品审查等操作指导要点的修订》《营养标签基准》等。此外，日本消费者厅是保健功能食品的主管部门，其管理体系包括常规型、降低疾病风险型、规格标准型和条件限制型等多种特殊保健食品。

富山生物制药株式会社是一家全球销售的跨国集团，专注于保健营养保健食品的科研、生产和医疗保健。作为日本最大的保健品研发、生产和经营企业之一，富山生物采用日本领先的生物应用技术，致力于三大类保健品的技术研发和规模化生产，包括特定保健食品、营养功能食品和功能性标签食品。公司在核心技术的开发、应用和市场化方面处于领先地位，在特定保健食品和功能性产品方面，尤其是药剂学，多次在日本药学会年会发表研究成果。富山生物制品聚焦抗衰老、肺部修复、预防老年病、女性健康等核心研发领域，用精细化、精准化的生物技术，凸显产品的科技属性和高附加值。公司多项产品除在本国销售外，还销往中国、越南、新加坡、美国、加拿大等国家。公司推出的多项产品的研发历时多年，投入了大量的研发资金。大部分产品已完成药理实验并发表科技论文。其中，力二力、清肺丸已在日本和我国香港地区销售。

日本政府推出特殊用途食品制度，旨在改善民众的营养状况和促进健康。这一措施特别针对婴幼儿和妊娠哺乳期妇女，因为这些人群的营养需求非常特殊。通过使用婴幼儿配方食品和妊娠哺乳期妇女用乳粉，可以有效地提高他们的营养摄入量和健康状况。此外，特殊用途食品还可以帮助人们对抗衰老和各种生活方式导致的疾病，这在日本的老龄化社会中尤其重要。通过在医疗专业人员的指导下合理使用特定食品，人们可以获得所需的营养素，并减少患病风险。特别是对于患有吞咽困难等问题的人群来说，特殊用途食品的作用更加显著。日本政府对特殊用途食品的生产和销售进行了监管，以确保产品的质量和安全性。这一制度已经取得了一定的成效，成为日本维护人民健康的重要措施之一。

(二) 应急救援食品

日本应急食品的发展最早可以追溯到 20 世纪 60 年代初，日本政府为应对自然灾害，面临应急食品短缺的问题。因此，政府决定研发一种能在灾害中提供充足营养和长期保存的应急救援食品。日本的应急救援食品从 20 世纪末开始发展，至今已具备相当成熟的产业结构。日本政府还制定了明确的目标，要求每个家庭储备至少 3 天的食物和水，以备不时之需，如果条件允许，最好预留一周时间的食物和水。这一政策措施不仅能够保证灾后生存的最基本需求，还有助于提高社会应对灾害的能力。

1995 年阪神大地震后，日本曾经面临食品供应不足的问题。而近年来，日本新潟县利用原材料近、食品加工经验丰富等优势，大力发展应急救援食品产业，为国家的抗震救灾作出了贡献，确保了灾害发生时的粮食供应。作为日本最大的稻米产地，新潟县的 1 000 多家食品企业开始研发救灾食品。这为日本其他地区的产业发展提供了很多经验和借鉴，并为新潟县的食品企业提供了巨大的发展空间。

初期应急食品由压缩面包、牛肉干等简单食品组成。虽然能提供营养，但品质和口感差，贮藏时间短。随着科学技术的发展和对应急食品需求的不断增加，日本的应急食品也得到了进一步的完善。20 世纪 80 年代，日本开始研发便携式真空包装应急救援食品。这种食物可以长期保存，而且口感和品质都得到了提升，逐渐取代压缩面包等传统应急食品。久而久之，日本的应急食品越来越注重口感和营养价值，也开始注重包装和便携性，以更好地适应各种灾害情况的需要。

位于日本新潟市的佐藤食品工业株式会社是当地生产应急救援食品的重要企业之一，其生产的两款产品只需加热 2min 即可食用。盒装米采用了独特的高温高压灭菌技术和无菌包装加工，保鲜期可达 8 个月。FORICA 食品公司也是新潟县的一家救灾食品生产企业，位于鱼沼市。该公司研发的"救灾米"是一种紧急救援食品，其特点是便携、易储存、易加热。在灾难发生时，往往面临着人员伤亡、交通不便等问题，许多人无法及时获得足够的食物和水。此时，"救灾米"可以快速解决人们的温饱问题，缓解灾民的困难。除了普通的白米饭，这种"救灾米"还有咖喱、牛肉、麻婆豆腐等搭配可供选择，可以满足不同人群的口味需求。产品使用方便，只需打开包装，将加热溶液倒入加热剂中即可迅速将塑料袋中的食物加热至刚出锅的新鲜程度。因此，这种产品不仅适合作为灾难救援食品，也适合作为野外旅行、露营等户外活动时的紧急备用食品。

近年来，日本食品业已经开始考虑到"可以食用热食"这一需求，为特殊时期提供的应急食品更加美味、温暖、符合日常口味。应急食品厂家努力让应急食品更美味的另一个目的是改变从传统的"应急食品（存储者认为不会用的食物）"到"防灾食品（为灾害准备的食品）"，就是把防灾食品从"应急"变成"必需品"，可以在日常生活中使用。因为在日常情况下需要应急食品的概率并不高，毕竟自然灾害的发生是比较罕见的。应急食品在紧急避难、室外环境、条件不足的情况下，能迅速补充体力和精力；当人们熬夜或懒惰躺在床上时，除了方便面、自热火锅、能量棒等，也会想到好吃的应急食品；应急食品也正成为登山、骑行、野营及野外求生等极限作业的理想选择；人们还可以通过大量购买不易腐烂的应急食品，来获得更优惠的价格以应对通货膨胀或避免物价上涨。

现在，日本的应急救援食品已经发展成为多元化、高品质的产品，可以满足包括老人、儿童和素食者在内的不同人群的需求。此外，日本的应急食品还广泛出口到其他国家，为全球应急救援作出了重要贡献。

第二节　国内特种食品行业发展现状

特种食品是指采用特殊成分或经过特殊加工制作而成，能够满足特殊医疗或特定人群营养需求的食品。在中国，随着经济的快速发展，人们的生活水平和可支配收入提高，健康食品行业蓬勃发展。同时，由于我国人口基数庞大，老龄化程度不断提高，营养保健需求呈现持续增长趋势。此外，生育政策的放开也导致特定人群的营养需求增加，促进了特种食品产业的发展。特种食品行业的快速发展，带动了行业竞争和技术创新，也为人们提供了更加全面、科学的营养保健方案。

从特种食品行业规范化方面来看，很多地方部门已经开始对特种食品生产商进行监督管理。例如在 2022 年 9 月，湖南省郴州市为北湖区的 10 家特种食品规范经营示范店授予了荣誉证书，这标志着郴州市特种食品经营行业迈向了更高的水平。郴州市市场监管系统将继续加强监管和指导工作,努力让消费者购买得放心、吃得舒心。这是郴州市市场监管系统为保障民众食品安全所作出的努力,也是为推动特种食品经营行业健康发展而作出的贡献。国内特种食品行业正在不断走向规范化、标准化。

特种食品可根据不同人群分为几个子类,如特殊医疗食品、保健食品、应急救援食品、飞行食品等。婴幼儿配方食品是指适合0~36个月婴幼儿食用的特种食品,能满足他们的成长和营养需要。特定医学用途处方食品是指经专业医生诊断、治疗和确认,能满足特定疾病患者营养需要的特种食品。保健食品是指富含某些成分,能改善人体机能、预防疾病的食品。每一类特种食品的厂商和行业的发展状况不同,下面分别介绍其国内产业的发展状况。

一、特殊膳食食用食品

特殊膳食食用食品是为了满足某些人群的特殊营养需求、生理状况或疾病状态而开发的食品,旨在提供特定的营养成分、控制或限制某些成分的摄入,以达到促进健康或缓解疾病的作用。这些特殊膳食食品的制作通常需要特定的营养学和食品科学技术,以确保其合理、营养均衡和口感可口。同时,这些食品也需要经过监管机构的认证和批准,以确保产品的质量和安全性。

根据第二章第一节所介绍的,特殊膳食食用食品分为特殊医用食品和非医用特殊膳食食品两大类,其中特殊医用食品是指为了满足特定疾病患者的营养需求,辅助疾病治疗和康复,而根据医学需求设计和生产的食品。这些食品是在严格的科学研究和临床实践的基础上,为满足患者的特殊医学营养需求而专门开发的;非医用特殊膳食食品是指为了满足一些特定人群的特殊营养需求而设计和生产的食品,但不是针对任何特定疾病的治疗或康复需要而生产的,通常富含某些特定的营养素或成分,以满足这些特定人群的需要,同时避免潜在的健康问题,主要包括服用营养补充剂、运动营养食品等。非医用特殊膳食食品种类较多,行业发展状况不一,故下面着重研究行业集中度高的特殊医用食品行业的发展现状。

特殊医用食品通常由医生、营养师或其他专业人士建议并监督使用,以确保正确地满足人体对营养的需求,在我国,特殊医用食品通常分为两类,分别适用于0~12个月的婴幼儿和1岁以上的人群。

针对0~12个月的人群,特殊医学用途配方食品包括各种营养配方食品和母乳营养补充剂。这些产品是专门设计的,旨在提供婴儿在生长和发育过程中所需的所有必需营养物质。母乳营养补充剂则是为了帮助母亲们在哺乳期间保持良好的健康状况。

而针对1岁以上的人群,特殊医学用途配方食品一般分为三类。首先是全营养配方食品,这是可以作为单一营养来源的食品,可以提供人体所需的所有必需营养素。其次是13种针对特定疾病的特殊全营养配方食品,例如脂肪吸收障碍和肝病等。这些特殊的全营养配方食品是根据严格的医学标准设计的,可以提供特定疾病状态下所需的所有营养素。最后是非全营养配方食品,这些食品是为了满足某些特定的营养需求而设计的,例如高蛋白质、高纤维素或者低卡路里等。

随着我国人们营养保健意识不断提高，人们对特殊医疗食品的需求也越来越大（图3.2）。特别是中国已经进入老龄化社会。数据显示，2020年中国65岁及以上人口已超过1.9亿人，占人口总数的13.5%。随着年龄的增长，老年人的营养风险也随之增加，70岁以上的老年人中有50%以上存在营养风险。因此，特医食品的市场需求将逐步扩大，特医食品行业也将迎来新的发展机遇。加之2020年开始的全球新冠疫情肆虐，使得特医食品更加被广大消费者重视。我国特殊医疗食品行业规模正稳步扩大，虽然每年的增速略有不同，但是总体保持增长状态，有机构预计到2023年，国内特殊医疗食品行业的市场规模将达到100.1亿元。

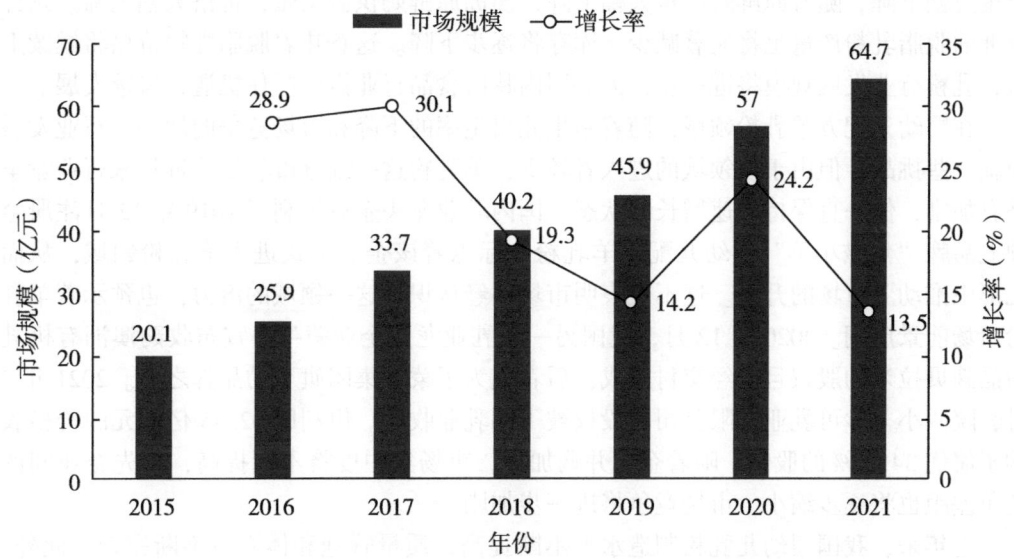

图3.2　2015—2021年中国特殊医学用途配方食品市场规模及增速分析
（资料来源：艾媒网）

首先，以生活中最常见的特殊医疗食品之一的婴幼儿配方乳粉为观察点。其作为生活中最常见的特殊医疗食品，在国内已经从被诟病发展到涅槃重生。中国婴幼儿配方乳粉行业发展呈现出以下核心特征。

一是国产婴幼儿配方乳粉的整体市场份额开始上升。2016年，《婴幼儿配方乳粉产品注册管理办法》实施，对乳粉注册政策制度进行了规范。

二是中国婴幼儿配方乳粉市场规模不断扩大，具有巨大发展潜力。中国是全球第二大婴幼儿消费市场，婴幼儿配方乳粉市场规模不断扩大。预计未来，随着国内出生率的增加和中产阶层的壮大，婴幼儿配方乳粉市场规模将持续扩大。

三是婴幼儿配方乳粉注册制度的实施提高了行业准入门槛，推动了行业的洗牌和整合。新制度的实施，迫使中小品牌更加规范生产。国内乳粉品牌向体系化发展，品牌优胜劣汰的趋势越发明显。根据2018—2019年的调查数据显示，中国婴幼儿配方乳粉市场认知度最高的前五品牌是雅培、雀巢、美赞臣、飞鹤和惠氏。

四是消费者对国产乳粉品牌的信心逐渐增强。一方面，国家相关政策的出台和实施，让消费者对国产婴幼儿配方乳粉的购买更有信心；另一方面，国内乳粉企业也加大自主研发和生产力度，不断提升产品质量和安全水平，满足消费者对高品质婴幼儿配方乳粉的需求。例如，飞鹤在科技上不断创新，投入资金加强自主研发，生产出多款不同口味、不同规格的优质婴幼儿配方乳粉，受到了广大消费者的好评和信赖。越来越多的消费者开始关注婴幼儿配方乳粉的成分和生产工艺，愿意为优质、安全、健康的产品支付更高的价格。因此，国产乳粉品牌在市场中的地位逐步提升，未来有望成为消费者更加信赖的品牌。

对于脱脂乳粉行业，长时间的干旱天气导致澳大利亚大部分地区的牛的数量和鲜奶产量急剧下降，随着原鲜奶产量大幅下降，澳洲原鲜奶供需紧张，价格大幅上涨。预计澳洲的脱脂乳粉产量也将显著减少，库存将逐步下降。这意味着脱脂乳粉价格将继续上涨，乳粉行业发展规模将进一步扩大。国内特医食品行业需要抓住机遇，谋求发展。

在婴幼儿配方羊乳粉领域，随着新生儿出生率的下降和市场竞争的加剧，行业发展面临一些挑战。但由于该领域的进入者较少，羊乳粉这一细分市场尽管近年来行业竞争略有加剧，但一直保持快速增长的状态。国内乳业龙头企业伊利于 2019 年 12 月注册金领冠品牌"悠滋小羊"婴幼儿配方羊乳粉，标志着该企业正式进入羊乳粉领域，从而无形中推动了市场的升温。这不仅表明市场已经认识到这一领域的潜力，也预示着羊乳粉市场前景广阔。2020 年 12 月，我国另一家乳业龙头企业蒙牛，宣布收购澳洲有机乳粉品牌贝拉米的股权且已经交付完成，后者成为了蒙牛集团旗下的品牌之一。2021 年 7 月，陕西小羊妙可乳业有限公司的股权被飞鹤乳业收购。伊利以 62.45 亿港元的价格收购了澳优 34.33% 的股份。随着企业并购加速，市场集中度将不断提高，领先企业间的竞争差距也将逐步缩小，市场竞争将进一步加剧。

近年来，我国婴幼儿乳粉制造水平不断提高，质量管理和体系也不断完善。此外，中华人民共和国海关总署在 2022 年 2 月 20 日发布的通知中指出，美国食品药品监督管理局宣布正在调查 4 名婴儿感染病菌的投诉，他们全部食用了美国雅培公司生产的乳粉。中国海关总署建议中国消费者暂时不要购买和食用有关企业的部分婴幼儿配方乳粉。这一事件也进一步增加了消费者对国产乳粉品牌的信心。因此，国产婴幼儿乳粉的市场份额正逐步超越国外品牌，占据领先地位。企业将从扩大规模向提升质量转变，这也标志着乳粉行业进入了多元化、精细化、专业化的更高品质时代。

随着"全面二孩"和"放开三孩"政策的推行，目前，中国约有 1 000 万 0~3 岁儿童分布在一二线城市，而更多的同龄儿童则是分布在三四线及以下的城市和农村。婴幼儿乳粉作为婴幼儿必需品的消费需求有望增加，乳粉行业或面临新的发展机遇。同时，消费者对国产乳粉品牌的信心逐渐增强，对进口乳粉品牌的执着也逐渐减弱。在这些城市中，消费者对国产婴幼儿配方乳粉品牌更加信任。

特殊医学用途配方食品经历了从默默无闻到科学发展的过程。这使得越来越多的医药企业涉足特医食品行业。中国特医食品市场目前仅占全球市场的 1%，总额约为 6 亿美元。然而，近年来该行业快速发展，年均增长率超过 37%。这表明我国特医食品领域仍有巨大的增长潜力。根据 2021 年 5 月发布的国内注册产品，特医食品行业有望成为我国大健康领域继药品和器械之后的第三大健康"蓝海"。

二、保健食品

在我国传统饮食文化中,药食同源、食补优于药的观念根深蒂固,源远流长。

猕猴桃在我国保健食品的发展史中占有重要地位。中国种植猕猴桃至少已有1 200年的历史。这种水果自1990年代以来就成为中国登山者的特殊营养食品,首次攀登珠穆朗玛峰时,登山者食用的是加工过的猕猴桃果实。1984年参加美国洛杉矶奥运会的中国运动员几乎每天都喝猕猴桃果实制成的饮料。猕猴桃果实含糖11%,蛋白质1.6%,脂肪0.3%。其维生素含量每100g可食部分高达300mg,是苹果的20~80倍。果实中含有大量营养元素,对人体健康有很大帮助。经过多年的研究开发,猕猴桃已被加工成多种特种食品,可作为航天、航海、高原、矿工等特殊工作者以及老年人和病人的特殊营养品。

我国保健食品行业在20世纪80年代兴起。1980年左右,大量号称具有保健功能的包装食品涌入市场,导致我国保健食品行业一片混乱。然而,随着时间的推移,这个行业逐渐被纳入法治化经营的轨道,经历了起起伏伏,甚至跌宕起伏。2005年7月1日,国家食品药品监督管理总局(SFDA)发布实施了《保健食品注册管理办法》等一系列配套文件,标志着我国保健食品行业的发展逐步走向成熟和稳定。经过几十年的发展,我国保健食品生产企业以中小企业为主,大型企业数量较少。目前,保健食品企业仍面临诸多市场选择,需要进一步完善适合其健康发展的市场和政策环境。

目前,随着国家政策的不断完善,保健食品行业发展迅猛。我国保健食品市场在近年来保持了快速的发展,显示出巨大的市场潜力和发展空间。国内保健食品市场呈现出以中医理论和药用植物为原料的产品、以营养学理论和各种营养素为资源的营养补充剂、以生物学为基础通过生物转化产生的三维格局。

尽管受到疫情的影响,我国营养健康产业依然保持高质量的发展态势,进出口市场都表现旺盛。根据中国保健食品协会发布的数据,2019年中国保健食品市场规模达到约2 800亿元人民币,同比增长13.5%。预计到2025年,中国保健食品市场规模将达到6 000亿元人民币左右。

三、应急救援食品

专为应对突发事件而设计的应急食品,是在紧急情况下用于维持生存重要的救援物资。具有热量高、易消化、无须加热、易开封、耐贮存等特点。可满足大多数人在特殊情况下对能量和营养的基本需要,缓解因饥饿引起的疲劳。它提供的能量一般低于正常饮食的需要。它是通过提供较低的能量和营养需求,以保证人体各种机能的正常运转来维持生存和等待救援,以应对突发事件和应急需求。它主要用于存储,所以最重要的是确保较长的保质期。另外,应急食品主要用于补充现场救援人员的营养和热量,维持人体的生命体征,因此,要求食用后易于消化吸收,能迅速恢复和保持体力,营养才能达到平衡。此外,在灾害现场,应急救援食品要充分考虑到不同年龄、不同体质的食用者的身体情况。

目前，各种能量棒和代餐棒在市场上具有类似应急食品的功能，能在紧急情况下或长期体力消耗时，对人体所需的能量进行快速、持久的补充。例如，国产康比特营养棒等品种，通过及时补充单糖、多糖等碳水化合物，可以减少长期消耗体力导致血糖急剧下降对身体造成的不良影响，从而确保处于身心力量极端边缘的人们源源不断地获得持久稳定的能量。另外还有一种限用口粮，也是属于应急的食物替代品，这种食物多是为部队提供的。这种限制性口粮研究的目的是解决官兵在紧急情况下的饮食问题，为人类生存提供最低限度的能量和营养，士兵通过提供适当成分的低热能口粮，可以在一段时间内保持一定的作战能力。

军事应急食品应具有营养结构合理、保质期长、连续食用可接受性好、适口性好、易于消化吸收等特点。它的发展将有助于保证人体在紧急情况下的生存能力。在军用食品领域，提高军队人员在紧急情况下的保障能力和生存能力具有重要的现实意义。此外，在相关民用领域也具有广阔的应用前景，如抗洪救灾、井下作业、登山、探险、旅游、学生和办公餐饮、运动员食品等领域。

2020年以来，席卷全球的新冠疫情持续时间长，影响大，尤其是防疫期间居家隔离、出行受限、交通瘫痪、物流中断等。在控制期间，人们无法像往常一样轻易获得任何想要的食材，这让人们意识到，不仅要考虑卫生防疫物资的储备，还要考虑应急食品的储备。此外，各种灾害的不断侵袭和重大疫情的多次暴发，使得应急食品成为防灾防疫物资的重要组成部分。

此外，科研探险食品作为一种预制食品，要求它能在恶劣的户外条件下方便快捷地为食用者提供能量，也是高水平运动员快速补充体力的好选择，这类食品的产业已经比较成熟，衍生出很多种类，如压缩饼干、功能饮料等。

我国需要加大对应急食品研究的科研投入，开发营养丰富、功能性强的应急专用食品。研究我国应急食品的发展现状、存在的问题、发展趋势和研发策略，指出未来应急食品的研发方向将转向功能型，并根据特殊环境和人群的要求进行量身定制的研发。此外，纳米技术、生物技术等高新技术的发展将为功能性应急食品的发展提供不竭动力。

四、军用作战食品

军用作战食品是特别设计的便携、耐贮存、富含营养的食品，通常用于在军事行动中为官兵提供食物和能量补给。这些食品需要在各种不同的环境条件下使用，如极端温度、高海拔、水域和沙漠等环境。军用作战食品通常需要经过严格的研究和测试，以确保它们满足营养需求、口感好、容易消化、轻便、不易腐烂、易于储存和运输等要求。通常包括各种类型的食物，如饼干、干果、肉类、鱼类、蔬菜、汤、能量棒等。另外，它的生产也需要遵循特殊的规定和标准，以确保它们符合军方要求的安全、卫生和品质标准。其按照不同的使用场景，可分为多种不同的子类。

军用飞行食品用于供长途飞行需要在空中停留4h以上的飞行员食用。空军装备的高性能战机的空中停留时间，加上地面准备时间，两餐之间实际时间间隔已经超过了

4h，如果有空中加油，空中滞留时间会更长。特种飞机远航食品是针对预警机、电子侦察机、电子干扰机等特种空勤人员的需要而开发的特种空勤食品。具有以下特点：①品种丰富，配备多种主食、菜肴、真空冷冻干燥速溶汤，全面保障飞行员营养需求；②将人参、皂苷、螺旋藻等功能性抗疲劳物质添加到飞行食品中，对高空电离辐射防护有一定作用；③要充分保证飞行中蛋白质代谢的需要，如专用蛋白棒等食品。

目前主要使用的飞行食品是"03型"飞行远航食品，是在前几代飞行食品的基础上发展而来的。它可以为飞行员提供快速吸收的热能，维持血糖稳定，有效消除飞行疲劳，改善身体机能。"03型"飞行远航食品首次添加功能成分，可有效缓解疲劳，改善飞行员脑功能，缓解加速引起的脑生化变化，对减少空间定向障碍的发生具有积极意义，实现飞行员的转变，是从普通食品到功能性食品的新特种食品。

由于战机座舱空间狭小，飞行员驾驶时佩戴氧气面罩。为了减轻用餐时的操作负荷，新型长途食品被加工成固体"巧克力能量球"。食用时，飞行员单手打开包装，食用方便，操作简单。此外，航天飞行饮用水的防护包装和饮用容器均采用多层复合膜自立袋。这种特殊的复合材料无毒无味，不受氧气、光和水汽的影响，能承受冲击、振动等航空环境，不开裂和溢出，并能保证饮用水的质量。

在我国，士兵救命口粮的官方名称为"野战口粮"或"野战救生口粮"。它是一种紧急食品，通常是由军队或其他组织为应对紧急情况而制作的高能量、高营养的食品，用于在士兵或其他人员暴露在恶劣环境、缺乏食物或其他紧急情况下提供快速补给。士兵救命口粮通常是便携式的，可以很容易地携带和存储，通常包含高蛋白、高糖、高脂肪和高纤维的食物。

保质期短曾经是我国几代救命口粮的"瓶颈"问题。经过多次论证和反复试验，国内的研究人员通过在食品中添加新的抗氧化剂，将食品的保质期从两年延长至四年，减少了更换食品的次数，降低了成本。它还减少了日粮中的脂肪含量，添加了几种新的营养素，维生素和矿物质从9种增加到14种，注重补充各种重要的营养素。食品组成的各种营养更科学合理，不仅能满足日常营养训练需求，还能在必要时维持士兵身体机能，提高军事作战能力。

空降兵自热食品，主要是空降兵降落后使用。"03型"伞兵食品有自热装置，食品中心温度可达60℃以上，加热时间不超过15min，即使身处零下40℃的高寒地带，官兵们仍能在短时间内吃上暖和可口的食物。过去，伞兵的主要食物只有压缩饼干，没有加热装置，登陆寒冷地区后，官兵们只能嚼着饼干，吃着冷的午餐肉罐头。如今，即使天气寒冷，官兵们依然可以吃到米饭、面条等热腾腾的食物。特别设计的小包装也方便官兵单独携带。

未来的战争是残酷、危险和激烈的。为了让官兵们在战场上吃得好，科研人员根据现代营养标准，在食物的品种和花样上下了功夫，增加了什锦饭、鱼香肉丝等10余种食物，五香马鲛鱼、炸鸡翅、麻辣脊梁等，官兵们可根据自己的喜好准备餐食，研究人员还在食品中添加了具有明显抗疲劳作用的功能性成分，使野战食品更适合实战需求。

综上所述，近几年特种食品研发机构取得了显著成果，国内特种食品的品种和质量有了很大提高。各地通过科研实验室和产业化基地建设，引进和培养科技创新人才，大大提高了研发平台的科技创新能力和服务水平。未来应充分发挥我国技术资源优势，结合产学研科技创新，从产业技术创新和科技成果转化等方面，开展研究特种食品配料的生物制备技术，开发出一大批适合工业化生产的新技术和新产品；通过科技成果的成功转化，创造良好的经济效益，从而大大提高我国特种食品的竞争力和品牌影响力。

第四章
特种食品行业发展趋势及规模预测

第一节 特种食品产业发展规模预测模型构建研究

近年来,特种食品行业发展规模不断壮大,行业发展中遇到的问题也越来越多。为了预测特种食品行业的发展趋势,分析其发展规模,研判其未来几年的成长性,建立预测模型具有重要意义。通过科学的模型构建研究,可以有效分析和预测行业发展规模,将行业机会的描述从"非量化"变为"量化",从模糊变为清晰。在预测模型的构建过程中,为避免因缺少某些自变量而导致预测结果出现偏差,建立模型时应尽可能将所有可能的因素纳入预测模型,如当前行业现状和市场需求。一些研究通过实证分析发现,当数据样本较少时数据呈现出明显的规律,简单的数学模型的预测效果很可能优于复杂的机器学习模型。

第一步,全面了解特种食品行业的市场现状。行业市场预测前,至少应先阅读10~15份投行、证券公司、管理咨询公司的行业研究报告,以达到对行业的基本了解和对行业整体商业模式的初步了解。

第二步,构建行业分析框架。可以采用客户渗透率的分解方法,即从客户群出发,划分待预测的指标进入客户群体数量×渗透率,得到有多少人会购买这个产品,然后乘以它可能对应的价格、频率等,得到整个市场的规模,或者也可以用行业分类的方法,即将待预测的行业规模划分为不同的子行业(可以根据不同的供应商类型或不同的产品进行划分)。

第三步,根据分析框架,查找整理历史数据。列出分析框架后,需要找到行业数据。

第四步,预测未来3~5年的相关变量。找到并整理历史数据后,就可以开始思考和预测未来数据增长情况。

对于未来的预测,有两种方法:自下而上(先预测部分,再求和得到整体)和自上而下(先预测整体,再预测各部分所占比例),在为实际项目建立模型时,可以将两种方法分别计算进行交叉验证。

对于未来数据的预测,有三种不同的方法:回归分析、基准测试、专家访谈或相关报告。

第五步,总结市场预测模型。市场预测模型的最终目标是形成一个合乎逻辑的、可论证的可交付结果,可以按照"列出方法和框架——描述核心结果和结论——列出核心假设"的结构呈现。

第二节 特种食品产业发展规模分析

特种食品行业是近年来发展迅速的行业。为满足人们对健康、高品质生活的需求，特种食品在市场上占有重要地位。市场调查数据显示，特种食品行业规模在过去几年呈现快速增长态势，预计到2025年特种食品产业规模将达到1 500亿美元。同时，随着人们对健康饮食的重视，特种食品的品种也在不断增加，其中，有机食品、无公害食品、高蛋白食品和低糖食品广受消费者青睐。高端消费市场的拓展也为特种食品行业的发展带来巨大机遇。

本节将特种食品分为特殊医用食品、保健食品、应急救援食品、军用作战食品等，由于各行业发展规模存在差异，下面对行业发展规模及分析进行说明。

一、特殊医用食品行业

随着医生和临床营养师在临床实践中对特医食品的使用以及特医食品广告的丰富，市场对特医食品的整体需求显著增加，拉动我国特医食品产业的发展。中国特种食品市场规模仅占全球市场的3%，这与发达国家的差距也是很明显的，主要体现在营养不良患者的临床渗透率和治疗效果，产品品种丰富度、流通渠道、使用场景等，我国特种食品行业处于起步阶段的发展。同时，产品品种丰富度低、营养处理率低的现状是我国特种食品行业创新发展的方向，市场需求巨大。

从全球来看，2014—2020年全球特医食品市场规模从583亿元增长到814.8亿元，近两年增速略有下降，维持在5%左右。随着世界人口老龄化，特医食品市场规模将快速增长，未来几年有望实现千亿级增长，有机构预测，到2028年，全球特医食品行业规模将达到1 353.5亿元（图4.1）。

国内特医食品行业市场规模也在不断扩大并将在一段时间内继续扩大。随着社会老龄化进程的推进、三孩政策的出台以及医疗服务供给需求增加，临床上需要营养支持的人数也在增加，对特殊医疗食品的需求将呈指数级增长，未来几年，市场规模有望达到1 000亿元。相关机构统计数据显示，2015年我国特殊医学用途配方食品市场规模达到了20.1亿元，2016—2020年期间，这一规模持续增长，尤其是在2020年疫情暴发之后，特医食品市场规模增至77.2亿元，同比增长32.19%，特殊医学用途配方食品市场规模增长49.3亿元。此外，近年来国内特殊医学用途配方食品行业发展迅速，获批产品数量大幅增加。截至2021年10月，国内产品获批49个，占比63%，国外产品获批29个，占比37%。在当前中国需求巨大的市场环境下，这些数字将继续上升。

从特殊医疗食品之一的婴幼儿乳粉行业来看，近年来其发展规模进一步扩大。根据中国海关总署的数据，2019年全年中国乳粉进口总量达到20.6万吨，同比增长9.7%。而在2020年，受新冠疫情影响，全年乳粉进口量有所下降，但仍然保持在19万吨以

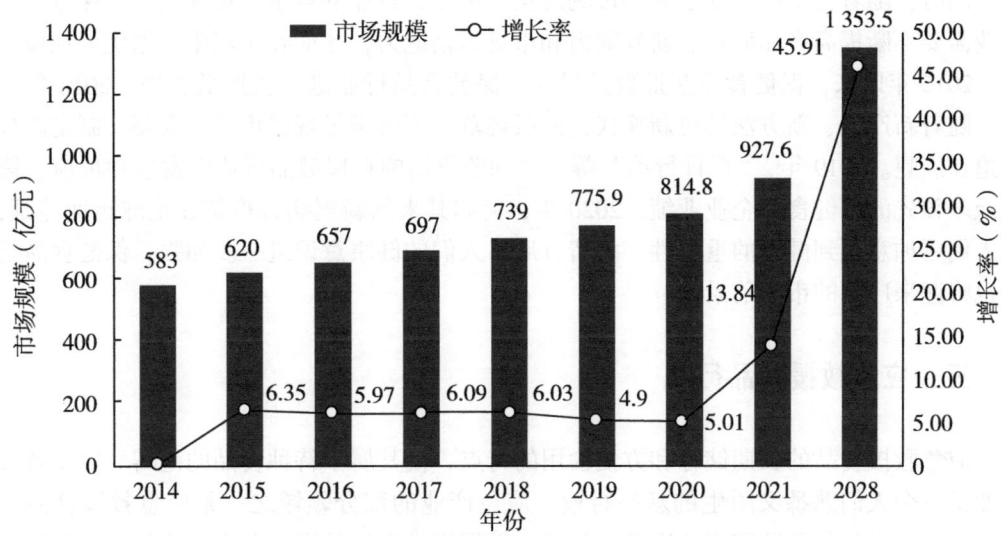

图 4.1　2014—2028 年全球特医食品行业市场规模及增速分析
（资料来源：艾媒网）

上。从进口乳粉的主要来源国家来看，澳大利亚、新西兰、荷兰和爱尔兰是中国进口乳粉的主要来源国。其中，从澳大利亚的乳粉进口量最大，占据了进口总量的近一半。

在国内，供给侧结构性改革政策出台后，市场上未进行配方注册的特医食品企业逐步被淘汰，特医食品品牌数量明显减少。此时，企业必须大幅缩减产品系列，着力开发和生产高端、高利润的核心产品。此外，原材料渠道单一，部分原材料对外依存度过高。因此，我国特医食品行业的发展还有很长的路要走。一方面，要打通原料渠道，完善生产监管，另一方面，企业要全面提升产品质量，进一步扩大产业规模。以乳粉为例，我国乳粉的主要原料是原奶，主要由乳品生产企业提供。过去我国的奶牛养殖以农户散养为主，但随着科技水平的不断提高和消费者安全意识的提高，我国的奶牛养殖逐步变为大规模养殖，奶源质量得到保障。

二、保健食品行业

在我国居民的日常生活中，养生保健的理念可以说是深入人心。人们想通过一定的手段来预防疾病、延缓衰老。这与中国历史悠久的中医观点非常相似。

我国保健食品行业在过去几年中一直保持着高速发展的势头，市场规模不断扩大。根据中国保健食品协会发布的数据，2019 年中国保健食品市场总规模已经达到了 6 465 亿元，同比增长了 10.5%。其中，液体保健品、胶囊和片剂保健品、饮料保健品等品类的销售额增长较快。在 2020 年疫情的影响下，人们更加关注健康问题，保健食品市场仍然保持了较为稳定的增长。根据市场研究机构欧睿国际的数据显示，2020 年中国保健食品市场规模达到了 6 815 亿元，同比增长了 5.7%。未来，随着中国老龄化趋势的加剧以及人们对于健康的不断关注，中国保健食品市场仍然具有较大的发展空间。同时，随着技术的不断创新和市场的竞争加剧，行业的竞争将更加激烈，保健食品企业需要不断提高产品质量、研发能力和市场营销能力，才能在市场中占据优势地位。

2016年以来，保健食品获批数量很少，保健食品行业进入长期低谷期。2018年以来，随着新产品、新方法的更新换代，旧版规范已不能满足现代市场的需要，制定新标准迫在眉睫。2019年，"百日行动"等一系列监管措施在保健品行业引发连锁反应，影响众多领先的保健食品企业业绩。2020年，突如其来的新冠病毒疫情在全球迅速蔓延，使人们更加意识到健康的重要性。疫情过后，人们的健康意识进一步加强，保健食品行业也将迎来广阔的市场前景。

三、应急救援食品行业

应急救援食品的长期储存和方便食用的特点，使其属于特种食品的范畴。应急救援行业是一个人们熟悉又陌生的新兴行业。应急产业的细分领域之一是应急救援食品产业，为突发事件的预防和应急准备、处置、救援提供专用的应急食品。近年来，我国应急食品产业迅速崛起，不断发展，在应急响应中发挥了重要作用。COVID-19的暴发让应急食品行业成为一片新蓝海。现在，不少企业加快研发创新，力争为早日进入市场寻找机会。

我国在军用应急食品领域有着悠久的发展历史，但相比之下，民用应急食品的发展相对较为滞后。2000年前后，我国开始出现蔬菜半成品生产企业；近十年来，随着外卖平台的快速发展，蒸煮袋市场规模逐渐扩大；新冠病毒疫情期间，预制菜需求飙升，导致中国预制食品连锁餐厅数量增加至41 641家。特别是冷链物流整体市场规模的扩大也促进了预制食品行业的发展。

后疫情时代，在新型智慧城市建设中，对应急食品行业有促进作用。新型智慧城市建设推动了信息技术的发展，应急食品行业的信息化水平提升，使得应急食品企业能够更加快速地响应市场需求，提高生产效率，降低成本。智慧城市建设促进了物流配送领域的发展，通过物联网技术、智能化配送等手段，可以缩短供应链，提高配送精度。随着城市化进程的加速和消费者生活方式的改变，消费者对于应急食品的需求也在发生变化。新型智慧城市建设推动了消费者的便利化需求，对应急食品行业提出了更高的要求。新型智慧城市建设会加速应急食品行业的市场竞争，企业需不断提高自身的产品品质和服务水平，以提升市场竞争力。

据统计，2020年我国应急救援市场规模将超过3 300亿元。预计2025年的市场规模将达到6 245.47亿元，应急食品产业规模将进一步提升。

四、军用作战食品

军用作战食品行业的发展是一个非常复杂的问题，因为这个行业涉及许多不同的方面，例如军事技术、营养学、供应链管理等。此外，不同国家的军用作战食品行业发展水平也有很大差异。

一般来说,军用作战食品行业的发展规模与军事经费的规模、军队规模、作战部署、作战环境等因素有关。在战争时期,军队需要大量的作战食品来维持士气和作战能力,因此这个行业的规模可能会有所扩大。目前全球军用作战食品行业的市场规模很难估计,因为相关数据并不公开。不过,世界上其他一些国家的军用作战食品行业已经发展得比较成熟,例如美国、俄罗斯等国家。在这些国家,军队使用的作战食品种类丰富,包括各种主食、加工食品、能量棒、高蛋白饮料等,同时还考虑到了营养平衡、储存、运输等方面的问题。

总的来说,军用作战食品行业的发展规模和水平取决于多种因素,但随着科技和营养学的不断进步,这个行业有望实现更大的发展和提升。

第三节 特种食品行业发展趋势分析

随着"一带一路"的不断建设,中国与世界各国的贸易往来持续走强,境外进出口贸易额持续上涨,人们对特种食品的需求不断增加。可以预防身体疾病的保健食品被越来越多的人认可;可以改善船员饮食和健康的特种食品在远洋航行领域的潜在市场很大;深空、深地、深海和极地探测已列入国家"十四五"规划重点领域。特种食品研制对载人航天、深海作业、极地科考等前沿理论研究领域项目的后勤保障具有重要作用。种种迹象表明,我国特种食品产业总体处于上升期,产业发展态势将稳步提升。

下面就特种食品品类下的特殊医疗食品、应急救援食品、功能性保健食品的行业发展趋势进行分析。

一、特殊医用食品行业

(一)国内市场处于发展初期

特医食品可以为患者的治疗和健康康复提供良好的基础,有的甚至可以成为患者的"生命之粮",但我国的特医食品的供应量迟迟达不到需求量,尤其是老年人、患有慢性病的人和过敏体质的人对特殊医用食品的需求更加迫切。我国政府一直鼓励特殊医用食品的研发和生产,出台了一系列支持政策,如加大科技研发投入、提高技术创新能力、支持企业发展等,在一定程度上促进了特殊医用食品行业的发展。但是根据《中国食品药品监管》期刊的数据显示,我国特医食品市场规模仅占全球市场的不足3%,与发达国家相比存在较大差距。

(二)销售渠道闭塞

我国特种医疗食品的销售渠道不够广泛,覆盖人群少。特种医疗食品是针对特定疾病或症状的营养补充品,医院是其主要销售渠道之一,医院可以通过开具处方、临床营养科医生的推荐等方式进行销售;也可以通过零售药店进行销售,大型药店和连锁药店一般会设立营养保健品专区,销售特种医疗食品;或者通过特殊渠道进行销售,例如通过医疗机构、护理院、康复中心等特殊机构进行销售。但是无法在电商平台购买特定的特种医疗食品。相比之下，美国等一些发达国家实行特殊医疗食品审批备案制度，除医院外还允许在社会药店、康复中心等场所由专家推荐使用，医药企业具有独特的制作特殊医疗食品优势。

（三）特医食品行业壁垒高

特医食品行业领域壁垒高，对产品质量要求也高。因为没有统一的标准，而且是给病人所用，所以才形成现在行业都是采用的最高标准。特殊医疗食品在2015年才作为食品使用，此前一直作为药品使用。现在的生产工艺也跟药品的生产工艺类似，研发成本非常高。另外，特医食品的研发周期比较长，需要多次试验才能成功。因此，进入特医食品行业，需要具备强大的研发能力。其次，特殊医疗食品的研发需要比普通食品投入更多财力和物力。此外，从研发到生产线建设，再到特医食品顺利获批的时间为2~3年，周期较长。需要注意的是，我国对特殊医疗食品的监管力度也在加大，江苏、浙江、江西、四川等地出台规范性文件或开展特医食品专项整治行动，着力整治特医食品和食品安全，导致行业存在较高的政策壁垒、资金壁垒和技术壁垒。

综上所述，我国特种食品行业发展空间大、消费市场大、销售渠道便利。但对于资金不足的中小企业来说，目前，由于政策壁垒和资金壁垒行业面临的问题，很难在短时间内取得更大的发展。

二、保健食品行业

根据供给关系分析，全球对功能性营养保健食品的需求将发生巨大变化。从需求范围来看，在新冠病毒疫情暴发之前，世界各国也在为全球开发功能性、营养健康的食品。但当时发展速度缓慢，人们的需求从未变得如此迫切。最重要的是人们的需求范围比较狭窄。很多企业在开发产品时，习惯于将重心放在减肥、养生等当下最流行的食疗上，但在新冠病毒疫情暴发后，越来越多的人加强了对通过功能性提升自身免疫力的营养保健食品的认识，促进了全球对功能性营养保健食品需求范围的进一步扩大。

新冠病毒疫情对全球功能营养保健食品行业的发展起到了积极的推动作用，在一定程度上促进了行业呈现新的趋势。

为了增强自身免疫能力，短时间内会有大量顾客购买该产品，并且会逐渐养成使用习惯。无论市场需求有多大，产品都必须满足当前人们的需求，才能实现企业的快速发展。因此，随着行业内需求的日益增长，行业内竞争也将加剧。在未来的市场中，全球功能性营养保健食品将面临更广阔的市场，对产品的创新提出了更高要求。最终，在一定程度上推动全球功能营养保健食品行业竞争日趋激烈。虽然市场会有一定的增长，但从实际情况来看，人们一旦嗅到商机，就会立即进入该行业。

总之，市场对保健食品的需求越来越大。随着科学技术的不断发展，保健食品的生产技术也不断提高，企业正在开发出更多具有独特功效的保健食品来吸引消费者。政府不断加强对保健食品行业的监管，促进行业健康发展；同时，还为保健食品行业提供资金支持，推动技术创新和产品开发。预计未来几年保健食品行业发展规模将保持快速增长态势。

三、应急救援食品行业

随着社会保障意识的提高，人们对应急食品的需求也越来越大。尤其是在发生地震、火灾、海啸等灾害时，应急救援食品尤为重要。应急救援食品行业技术含量高，创新潜力大。目前，应急救援食品的生产技术不断提高，研究人员已经开发出了保质期更长、营养价值更高的应急救援食品。

此外，政府对应急救援食品行业的支持也很重要。国务院印发相应的方案指出，到2025年，应急管理体系和能力现代化取得重大进展，应急救援力量建设全面加强，应急管理法制化水平、科技信息化水平显著提高。综合保障能力显著提高，全社会防范和处置灾害事故能力显著增强。在此背景下，应急救援食品行业将迎来新的春天，行业规模将进一步扩大，行业发展规模将继续保持快速增长态势。

四、军用作战食品

军用作战食品行业的发展趋势受到许多因素的影响，包括技术创新、营养学研究、生产技术、供应链管理等方面。随着我国综合国力增强，生产技术水平提升，未来将会在以下几个方面促进军用作战食品的发展。

①营养均衡化：随着营养学研究的深入，军用作战食品的设计将更注重提供均衡的营养，以满足战士在极端环境下的需要。②技术创新：通过新材料、新工艺等技术创新，军用作战食品可以更加方便携带、快速加工、易于储存，同时还要求具有防腐、防潮等特性，以适应各种极端环境下的需要。③个性化定制：为了满足不同战士的口味和偏好，军用作战食品的个性化定制也将成为一种趋势。例如，根据战士的身体状况和口味，可以提供定制化的营养餐。④环保和可持续性：环保和可持续性将成为军用作战食品行业发展的重要考虑因素。生产过程中应尽可能减少对环境的影响，同时也需要考虑垃圾处理、能源利用等问题。

军用食品作战是军队战斗力的保障，未来高科技战争及复杂战争环境对军用作战食品提出了更高的要求，我国对此行业发展的促进和完善会继续进行下去，未来仍有较好的发展前景。

五、总结

从以上分析可以看出，全球对特种食品的需求和行业的发展都呈现出良好的趋势。新冠病毒疫情为全球特种食品行业的发展提供了一些机遇，但也带来了诸多挑战。因此，我们应以此为契机，积极进军全球特种食品行业，这既能促进企业全面有效发展，也能为人民群众的健康作出积极贡献。总体来看，特种食品产业发展规模呈快速增长态势，前景广阔。但要加强行业的标准化建设和技术创新，才能保证行业的健康发展。

第四节　特种食品行业发展问题分析

国内外功能食品市场不平衡,表明少数功能产品在国内功能食品市场占据主导地位。而近几年特种食品行业市场规模增速放缓,多地发生产品质量和安全问题事件,行业的标准和监管机制仍然存在一定的问题,并且消费者需求越来越多元化。下面就特种食品类别下的特殊医疗食品、应急救援食品和功能性保健食品行业发展面临的问题进行分析,并给出总体应对措施。

一、特殊医用食品行业

特医食品产业在近几年的发展仍面临许多问题,以婴儿乳粉产业为例,首先,婴儿乳粉市场需求下降。近年来,中国的出生率呈下降趋势,同时随着政策调整和社会变迁,越来越多的家庭更加倾向于母乳喂养,导致婴儿乳粉市场需求逐渐下降。其次,市场竞争加剧。随着市场的逐渐饱和,婴儿乳粉市场竞争日益激烈,企业需要不断提升产品品质和营销策略,以吸引更多的消费者。再次,品牌信誉问题。近年来,中国婴儿乳粉行业频频发生质量安全问题,导致消费者对国产婴儿乳粉的信任度下降。这也使得一些消费者更加倾向于选择进口婴儿乳粉,导致国产婴儿乳粉市场份额逐渐下降。此外,消费者对国产婴幼儿乳粉的不信任等问题,导致国产乳粉的发展举步维艰。特医食品产业发展面临的主要问题如下。

(一) 入门门槛高

特殊食品行业是一种需要较高门槛的行业,主要体现在技术、资金和法律等方面。首先,生产特殊食品需要一定的技术和专业知识。不同种类的特殊食品具有不同的生产工艺和配方,需要生产厂家具备相应的技术和知识储备。而这些技术和知识的积累需要长时间的实践和经验总结,而且特殊医疗食品的注册周期较长,需要18~36个月,因此对于新手来说入门门槛较高。其次,生产特殊食品需要一定的资金支持。在生产特殊食品的过程中,需要购买高质量的原材料和设备,而这些成本相对较高。此外,特殊食品行业的市场竞争较为激烈,企业需要进行广告宣传和推广,这也需要较大的投入。最后,特殊食品行业需要遵守多项法律法规和标准。不同种类的特殊食品需要遵守不同的法律法规和标准,而这些法律法规和标准需要生产厂家具备相应的认知和遵守能力。如果企业没有达到法律法规和标准的要求,就会面临着严重的法律风险和商业风险。对于新手来说,需要具备较高的技术和管理能力,需要投入较大的资金,同时也需要遵守多项法律法规和标准。因此,想要进入特殊食品行业的企业需要具备实力和耐心,同时需要进行长期的技术积累和市场经验积累。

(二) 特殊医疗食品监管严格

我国特殊医疗食品必须进行注册管理,需要向国家市场监督管理总局提交注册申请,并提供产品质量和安全性的相关资料,经过审核合格后才能获得注册证书并上市销售。企业必须实施完善的质量管理体系，并接受省市场监督管理局的定期检查和监督。另外，作为食品，特医食品无法纳入医保和药品目录，医生处方路径不明确，但购买特殊医疗食品却需要有医生处方或医嘱。

（三）社会认知度低

调查数据显示，特医食品在国内仍有待广泛认可。只有12.8%的受访者知道特殊医疗食品与保健品、药品的区别。市场认可度的缺失主要存在于研发生产企业、经销商、医生和患者。我国特医食品流通亟待规范，例如，以医生处方的形式在医院临床科室使用，标识明确。目前，缺乏认识和标准将阻碍我国特医食品行业的发展。

（四）市场上的产品鱼龙混杂

由于这些产品往往具有一定的市场需求和高利润，因此特种食品行业存在着一些乱象。①假冒产品在特种食品行业屡见不鲜，仿制包装、模仿商标等违法违规现象屡禁不止，还存在包装成药品坑蒙消费者的情况，由此导致劣币驱逐良币现象频发。②虚假宣传：一些商家为了提高产品的销售量，往往会进行虚假宣传，如夸大产品功效、过分渲染产品效果等。从研发的角度来看，一些固体饮料和保健食品冒充特殊医疗食品，声称自己是特殊医疗食品公司；这些虚假宣传不仅会误导消费者，也会破坏整个行业的形象。③滥用添加剂：一些特种食品制造商为了追求产品的口感和保质期，往往会滥用对人体有一定危害的添加剂，如防腐剂、甜味剂、色素等。④价格虚高：由于特种食品往往具有一定的市场需求和高利润，一些商家往往会把价格设得虚高，导致消费者不得不花费更多的钱来购买同等功效的产品。

（五）行业缺乏专业人才

特殊食品行业是一个需求量较大的市场，但是由于其特殊性质，需要具备一定的专业知识和技能才能够生产和销售。然而，目前特殊食品行业面临着缺乏专业人才的严重问题。首先，特殊食品行业的专业知识和技能要求较高，但是这方面的人才供给相对较少。许多高校并没有特殊食品行业相关专业，导致毕业生不太愿意从事这个行业，进一步加剧了人才短缺的问题。其次，特殊食品行业的生产和销售需要遵守多项法律法规和标准，而这些标准不断更新和变化，使得企业需要具备较强的法律法规和标准意识，但是这方面的人才同样短缺。最后，特殊食品行业的企业规模较小，相对较少的专业人才也使得企业难以进行长期的技术创新和人才培养，进一步加大了行业的人才短缺问题。

特殊食品行业缺乏专业人才是一个普遍存在的问题。为了解决这个问题，需要政府、企业和高校等多方面合作，加强人才培养和引进，建立健全行业标准和监管机制，提升人才的专业技能和管理能力，为特殊食品行业的可持续发展提供更加坚实的人才支持。因此，我们需要加强学科交叉融合，推进国内外优秀的功能食品理论研究成果引进和消化吸收，提高国内研究水平。同时，应该注重提高原料的提取、分离、稳定、评价及制造技术，通过科学配方和合理的加工工艺，生产出一系列高质量、高效、适用性强的功能食品，满足消费者日益增长的健康需求。此外，还应加强食品安全监管，确保功能食品的质量和安全，提升消费者对功能食品的信任度，促进功能食品行业的健康发展。

此外，高等院校开设专门的营养学科仍然存在严重的不足。目前全国只有30多所学校开设本科营养相关学科，而且大部分毕业生没有成为临床营养师或从事相关营养行业工作。2019年的数据显示，营养相关专业的毕业生的就业岗位主要集中在非医疗领域，而且就业岗位与专业相关性不高。由此可见，医院营养科的建设仍面临很大困难，缺乏足够的专业人才。这种学科建设和人才缺失的问题不仅仅影响到医院端，也会直接和间接影响到特殊医学用途配方食品企业和政策制定方面。因此，解决人才紧缺问题是特殊医学用途配方食品行业需要应对的主要挑战之一。政府部门可以在教育资源和政策支持方面采取有效措施，以鼓励更多的学生选择营养学科，并提高这些学科的教育质量和专业水平，为特殊医学用途配方食品行业培养更多的专业人才。

总之，国内的特医食品行业发展需要多方位努力，特医食品厂商需要严格保障自己产品的质量，政府部门可适当缩短特医食品注册周期，以及通过适当方式向广大消费者宣传特医食品功效与使用注意事项。

针对国内特医食品产业所面临的问题，需要从供需链上进行优化改革，实现特医食品产业结构调整与产能升级。

首先要优化供给侧的企业生产。

第一，需要升级特医食品产业模式并加快产业结构转型。为了在国内市场上占据更大份额，传统的产业模式已经无法满足瞬息万变的市场需求。因此，食品企业需要与时俱进，引入新能源、新技术、新动能等创新要素，降低生产次品率。企业可以通过优化生产工艺、改进原材料选择、提高产品营养价值等方式，提高产品品质和竞争力。还可以通过加强与上下游企业的合作，共同推进行业的发展。例如，与农业企业合作，确保原材料的安全和质量；与物流企业合作，优化物流配送效率等。还要通过"互联网+市场+特医食品"形成新的发展前景，对市场进行网络调研分析，对国内特医食品行业供给进行优化，对消费者需求分析进行优化。这样，才能在竞争激烈的市场中取得优势并实现产业结构转型。

第二，政府应提供强有力的社会保障措施，保护消费者的利益。政府部门在市场中扮演监管者的角色，需要精准把控国内供应市场，确保产品质量安全。政府应加强对进口和国产特医食品的管理和监督，以税收政策促进生产，还应加强社会保障措施，如建立公平公正的乳粉消费纠纷处理机制，提高食品的安全性、可靠性和透明度，加强消费者权益保护。这些措施有助于增强公众对国产特医食品的信心，促进市场的发展。

第三，激发购买欲望，促进消费。为了引导消费者理性消费，树立正确的消费观念，需要从多个方面入手。除了提供正确的消费知识和信息，还需要相关部门加强对跨境购物的监管，以合理增加税率的方式减弱进口特殊医学食品的价格优势，提高国产特医食品行业的竞争优势。这样可以保障消费者的权益，同时也可以促进国内特医食品行业的发展。相关媒体也应该持续关注国内特医食品质量问题，并加强对国产乳粉的报道，增强消费者对国产乳粉的信任度。因为消费者的消费决策往往受到媒体报道的影响，所以媒体在报道乳粉问题时需要客观、公正、负责任，不应武断地抬高或贬低某个品牌。最后，品牌不应因为进口而"加分"，也不应因为"国产"而"减分"，这关键在于产品科学的配方、高质量的产品以及合理的价格。消费者应该注重产品本身的质量和安全性，而不是单纯关注产品的品牌和价格。只有在保证产品质量和安全的前提下，才能真正引导消费者理性消费，树立正确的消费观念。

二、保健食品行业

我国保健食品行业经过几十年的发展，目前，企业仍面临诸多发展问题，适合其健康发展的市场和政策环境有待进一步完善。

（一）保健食品法律法规不健全

我国保健食品的标准和认证体系相对不完善，不同地区和不同企业对保健食品的定义和标准可能存在差异，导致消费者难以准确了解保健食品的质量和效果。此外，监管机制不完善。目前，保健食品的监管机制相对不健全，监管部门的职责和权限不够明确，监管力度和效果也有待加强，导致一些企业可以擅自生产和销售保健食品，而监管部门难以及时发现和处理问题。还有，消费者权益保护不够。由于保健食品市场的特殊性，消费者对保健食品的质量和效果存在一定的不确定性和难以判断性，而且一些保健食品的价格相对较高，容易受到不法商家的欺诈和侵害，消费者的权益保护亟待加强。

（二）个别企业私自添加违规原料

由于其市场需求量大，利润丰厚，因此保健食品行业也存在一些非法添加违禁物品的情况，比如在减肥类产品中非法添加麻黄素，在抗疲劳产品中非法添加枸橼西地那非，又如添加含有类固醇、雌激素等，以达到某些治疗或改善健康状况的效果。这些违禁物品可能对消费者的健康造成潜在危害，可能会引起消费者身体不适或严重的副作用。为了追求保健食品的功效，一些制造商非法添加高剂量的营养成分，如维生素、矿物质等，这可能会对人体造成中毒等危害。

（三）保健食品虚假夸大宣传严重

一些不法商家通过仿制知名保健食品品牌的包装或标签，或者使用与正品相似的名称和描述来销售假冒产品。这些假冒产品往往质量不稳定，成分不明，甚至可能含有有害物质，给消费者的身体健康造成威胁；一些保健食品商家为了提高产品的销售量，往往会进行虚假宣传，如夸大产品功效、过分渲染产品效果等。这些虚假宣传不仅会误导消费者，也会破坏整个行业的形象。

三、应急救援食品行业

在安全性上，应急救援食品产品的质量难以保证。应急救援食品的使用场合往往在极端环境下，很难保证食品的质量和安全。应急食品特别是有自热功能的食品的安全问题一直存在质疑。相比其他传统方便面、螺蛳粉等应急食品，自热食品因操作加热包不当引发的安全问题并不少见。除此之外还有食材的安全问题、食材变质的情况同样存在。

在价格上，应急救援食品的生产过程较为复杂，需要大量投入，使得产品的价格较高。日常消费者能够购买到的自热食品，不少产品价格在 10~20 元，但是也有 30 元甚至以上的。比如淘宝网上，海底捞番茄牛腩自热火锅一盒 32.5 元、杨国福麻辣牛腩一桶也要 27 元左右。

在健康上，应急救援食品行业缺乏统一的标准。由于应急救援食品行业相对较新，缺乏统一的行业标准，导致行业发展相对较为混乱。像自热火锅、自热麻辣烫、自热米饭等产品，可能普遍存在着重油重盐的情况，而且蔬菜、肉类的新鲜程度可能也无法媲美现做食物。从这几点来看，自热食品可能与当下追求健康、新鲜等需求不太相符。

总体来说，特种食品产业的发展面临着众多机遇和挑战。一方面，随着人们对生活质量的要求不断提高，对高品质、健康、营养、绿色、环保等特性的特种食品需求不断增长。特种食品的市场空间巨大，尤其是在高端消费市场，有着广阔的发展前景。另一方面，特种食品行业也面临着不少挑战，其中食品安全和食品健康问题是特别需要关注的，特种食品生产商应该充分认识到食品安全的重要性，通过加强生产过程中的质量管理和监控，注重研发、生产和销售健康特种食品，积极推广健康食品理念，提高消费者对健康食品的认知度和接受度，确保食品质量和安全。另外，特种食品生产商还需要不断提高产品特性，以满足不同消费群体的需求，特种食品行业的竞争越来越激烈，生产商需要加强技术创新和产品研发，不断开拓新的市场领域，提高产品的附加值和竞争力。通过持续不断地提高食品质量、安全、健康和特性，特种食品行业才能够迎来更加广阔的发展前景。

第五章
特种食品供应链结构与体系构建

第一节 特种食品产业研发体系搭建

为了特种食品行业更加广阔的发展前景，我们应抓住机遇，利用好现有机会加快供应链结构与体系的构建。首先，应当重视特种食品的产业研发。特种食品的产业研发离不开优秀的产业研发体系的建立。目前，我国开始布局特种食品产业、不断进行产业的前瞻性布局，对优秀企业进行扶持和建设展示交流平台。致力于构建优秀的特种食品产业研发体系，助力特种食品产业的蓬勃发展。对于特种食品研发体系的搭建，应遵循如下几点。

一、研发体系要成为高度整合的系统

不同于典型的科技领域，食品行业有其行业特点。所以对于特种食品企业，搭建一个适合自己企业的产品研发体系是必要的。

首先特种食品企业的产业研发需要设立各个能够独立工作但又互相合作的部门。通过这些部门，产品研发体系形成一个高度整合的系统，企业的产品研发也会更加高效。

经过研究，一个可以工作的产品研发体系需要如下六个部门（可酌情增加协助或监管部门）（图5.1）。

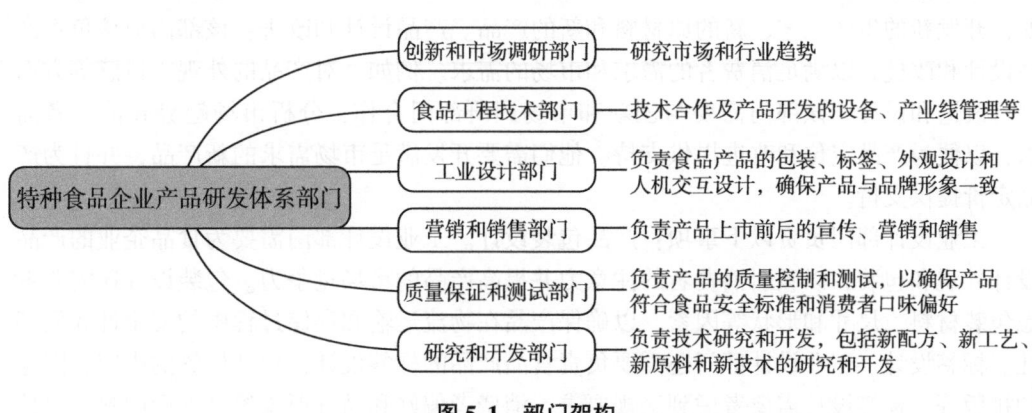

图 5.1 部门架构

创新和市场调研部门：负责对市场和行业趋势的研究，收集消费者需求和反馈，以

及提出新产品的创意和构思。食品工程技术部门：负责技术合作及产品开发的设备、产业线管理等。工业设计部门：负责食品产品的包装、标签、外观设计和人机交互设计，确保产品与品牌形象一致。营销和销售部门：负责产品上市前后的宣传、营销和销售。质量保证和测试部门：负责产品的质量控制和测试，以确保产品符合食品安全标准和消费者口味偏好。研究和开发部门：负责技术研究和开发，包括新配方、新工艺、新原料和新技术的研究和开发。

创新和市场调研部门负责以下事项：该部门应该帮助企业制定长期的创新战略规划，包括发掘新的产品开发机会、寻找新的市场、扩大业务范围等方面。同时，创新部门还需要根据市场趋势和消费者需求制定相关的创新战略。该部门还应该负责对目标市场和消费者需求进行深入的研究和分析以了解市场趋势和行业动态，以便为其他部门提供正确的市场信息和消费者洞察，另外还需要负责了解竞争对手的行动。最后，应该和其他部门合作，协助企业进行品牌管理，包括品牌形象的建立和维护、品牌价值的提升、品牌声誉的管理等。

食品工程技术部门负责以下事项：技术合作和知识产权管理：研发部门应该负责技术合作和知识产权管理。他们需要与其他公司和机构进行合作，以获取新的技术和知识，并且保护企业的知识产权。生产工艺流程的规划：该部门应该负责制定和规划食品生产的工艺流程，包括原材料的加工、制作、包装、质量检测等各个环节。设备选型和维护：该部门需要负责选择和购买生产设备，并且对设备进行维护和保养，以确保设备的正常运转。生产线的布置和管理：该部门需要对生产线进行布置和管理，确保生产线的运作效率和质量稳定性。他们需要考虑物流、设备布局和员工工作流程，以确保工厂的生产流程高效且卫生。生产成本的控制：该部门需要在生产流程中把握好成本控制，包括生产原材料的成本、生产过程的成本、运输成本等，确保产品价格具有竞争力。

研究和开发部门与食品工程技术部门是与产品开发、技术研究最紧密的部门，食品工程技术部门负责产品研发与技术研究的总体管理和控制，而研究和开发部门则是具体参与的部门，负责与之相关的具体事项，其职责如下：新技术研究和开发：该部门应该负责对新技术进行研究和开发，以提高生产效率、降低成本，并且优化产品质量。例如，开发新的生产工艺、新的原材料和新的产品。产品设计和改进：该部门应该负责产品设计和改进，以满足消费者的需求和市场的需求。例如，对产品的外观、口感等方面进行改进和设计。该部门需要与创新和市场调研部门合作，分析市场趋势和消费者需求，以便为产品定位和改进提供支持。他们需要开发满足市场需求的新产品，并且为产品定价提供支持。

工业设计部门负责以下事项：产品包装设计。工业设计部门需要为食品企业的产品设计外观和包装，以吸引消费者的注意力并提高产品的市场竞争力。包装设计还需要考虑包装材料、尺寸和形状等因素，以确保产品在物流运输和存储过程中的安全性和便利性。标签设计。工业设计部门还需要负责食品产品的标签设计，包括标签的内容、图像和排版等。标签设计需要考虑到法规要求、消费者偏好和品牌形象等多方面因素。可持续发展。工业设计部门还需要考虑食品企业的可持续发展，包括环保、资源利用和社会责任等因素。他们需要设计符合环保标准的包装材料，以及具有社会责任感的品牌形象和市场宣传材料。

营销和销售部门负责以下事项：社交媒体宣传。使用社交媒体平台宣传食品产品，吸引更多的消费者关注，提高产品的知名度。可以选择适合的平台，例如微信、抖音等，并通过有吸引力的图片、视频和口号等手段吸引受众。合作营销。与其他品牌或企业合作，进行联合宣传和销售。例如，在购物平台上与其他品牌组合销售，或者与餐厅合作推广新产品等。参加食品展会的组织。组织参加各类食品展会和活动，展示食品产品，并与潜在客户进行面对面的交流，了解客户需求和反馈。组织促销活动。通过组织各种促销活动帮助提高产品的销售量和知名度，例如打折、赠品、满减等。这些活动可以通过广告和店面宣传等多种途径进行推广。

通过部门的运作和部门之间通力合作，整个产品研发体系成为高度整合的一个系统，达成更好的沟通和协调效果，各个部门之间的协作需要沟通和协调，这有助于促进内部的团队合作，提高工作效率，避免因为不同部门的工作独立运作而导致的协调困难和延误，从而可以更快地解决问题，更快地推进项目进程，提高研发效率，并且生产的产品拥有更好的用户口碑和满意度，这对于企业的长期发展是非常重要的。

二、高校应搭建自身的产业研发体系

现阶段，很多高校因为各种限制，在技术创新和人才培养上存在不少问题。各种问题导致限制了这些高校的科研和技术能力进步。下面将具体探讨问题所在。

首先，高校的产品研发成果中，应用类型的成果产出偏低，技术成果转化率也较低。造成这种结果的原因之一是教师师资力量的差距，其根源在于高校很多教师的科研水平其实较低，也因为同时进行着教学工作，在教学安排上更侧重于理论知识的教学，缺乏对学生动手能力、钻研能力的培养，自身也无法投入全身心与各企业合作展开各种科研攻关项目，所以对该行业的状况了解不够，一定程度上阻碍了视野。另外高校产出的成果不能完全地突破一些固定思维的限制，产生与实际不够契合的成果，使大量的成果无法广泛投入使用。

其次，高校的技术研发团队质量不高，团队负责人水平也是有限的，而且团队中教师间的专业背景差异大，在科技的研发上个人起的作用比较大，团队成员之间共同合作进行研发不够多，并没有形成比较紧密的交流合作关系。一些教师的科研方向不是一成不变的，所擅长的领域界限也不清晰，且在自己专业的深度上有一定欠缺。团队内部的协作能力不强，团队领军人物的选择忽略实际的专业背景和科研能力，科研团队的形式重于内容，内部缺乏凝聚力，共同导致了难出成果的境况。

因此我们应该针对高校在产品研发上的问题，在特种产业的研发体系构建上做出针对性的方案，以便适应这一特殊产业。对高校的产业研发体系构建的建议主要有如下三点。

（1）高校要加强对合格且高质量的科研队伍的建设。科研是高校发展过程中最重要的，理应加强科研队伍的建设。最急切需要做的就是提升教师专业技能和科研水平。鼓励教师加强科研上的投入，提升自身的科研专业能力，增长专业知识，把科研放在今后发展最应重视的地位,把提高科研水平作为提高教学质量的途径。在团队打造中,积极鼓励以专业知识过硬、科研能力拔尖的年轻教授作为团队核心来建设特种食品的科研团队,团队以食品专业教师为主,其他专业教师为辅,模糊学科界限,进行各个关联学科的整合,着力于提高科研人员的协同性。另外应积极引进具备食品背景的工作人员,打造更庞大的优秀团队,确立具有连续性的研究方向,利用明确的目标来推动团队的工作。也可和其他各高校合作,建立高校科研团队间定期交流合作的机制,指派教师在各科研单位进行调研和交流。除此之外,还可以采取这些实际方案:鼓励各位教师持续学习,食品科学是一个不断发展的领域,教师应该不断学习新知识,以保持最新的研究进展。争取到更多可参与的项目,参加更多科研项目可以提高科研能力,并有机会与其他专家合作。鼓励大家发表论文,在国际期刊上发表论文可以增加学术影响力,同时也可以提高科研能力。参加国际会议,参加国际会议可以与其他专家交流,提高科研能力。

(2) 把应用技术的研究放在首位,创建校企合作的新模式。在开始阶段,积极实行企业对高校科研团队的技术帮扶,帮助高校科研团队为应用型技术研究打好基础,帮助高校团队成长,这样才能利用其为食品企业的发展扫清道路,与企业一道申报新的科研课题,共同将特种食品产业做得更大更好。

(3) 建立有效的激励机制。在团队科研中,各个研究者势必会进行一定的科研转型,每个成员都有不同的困难,这样一来就需要制定合理的工作考核方法。按惯例,考核的内容当然会包括专利和论文的数量和质量、课题的水平等硬性学术指标,还应清楚了解每个成员面临的难题,应综合考量其在遇到瓶颈时的工作状况,另外考虑成果转化、效益产出等实际价值,对有困难的教师要在经费上提供支持,对其研究工作提供各种技术上的支持指导,对在团队科研中起到重大作用的教师,进行奖金职称等各种奖励,以此来激活广大教师的科研潜力。

三、相关高校可对企业研发提供支持

现在的高校已经有许多与企业的合作项目,它们与企业合作共建科技和实习基地,进行互补学习,共同进步,但这仍不够。这些基地数量有限并且实质性的交流合作内容和对科技人员的专业培养做得不好。部分高校与企业共同开展的校企合作项目与学校本身的教学内容关系不大,合作还处于比较浅层次的合作状态。

食品相关高校可以对企业的产品研发起到很好的支持,因为高校在相关领域走在行业研究前沿,在各个方面可以帮助到特种食品企业。高校拥有丰富的技术资源和专业知识,可以为企业提供技术咨询和支持,协助企业解决技术难题和瓶颈,促进企业技术创新和产品开发。高校拥有先进的实验室和设备,可以为企业提供研发实验室的建设帮助和设备的共享服务,降低企业研发成本和风险,同时也可以帮助企业快速进行技术验证和产品开发。另外,产学研合作是必不可少的,高校与企业可以进行产学研合作,将学术成果转化为实际产品和应用,推动科研成果转化和产业升级,提高企业竞争力。高校还可以与企业合作开展各类研究项目,并为企业提供相关的资助和支持。通过合作研究项目,企业可以获取最新的科研成果和技术成果,推动产品创新和开发。

此外，还可以采取很多措施来加强高校和企业的合作，内容如下。

建立学习机制。通过高校、研究院所与企业的深度合作，各方都可以从产业研发体系构建过程中学到很多，从中不断改进各自的研发体系和管理方式，促进特种食品产业的快速发展。参加交流的人员的知识水平和技能水平、领导者的视野等，都在一定程度上影响学习效果。

增强知识获取机会。针对产品技术或开发能力较强的品牌客户，企业应该努力建立密切的沟通渠道，增加合作接触的机会，尽可能地获得更多有用的知识和技术。同时，在合作的过程中，要充分进行交流与合作，在项目合作中指派学习能力较强或经验较丰富的员工或研究员进行指导或学习，以便提升相关的知识和技能，并开阔眼界。

建立互信的合作关系。合作双方的相互信任程度是影响知识转移和输出效率的关键所在。企业应该努力增强双方的相互信任程度，减少知识获取的障碍。如从降低客户的知识转移风险或提供给客户更高的产品附加值等方面入手。具体的操作措施包括遵守对客户的保密承诺成立客户特有的研发团队、发展为客户量身定制的新产品等。

建立知识的分享机制。具体包括设立知识、信息的收集和管理部门，负责知识、信息的获取与传播努力将合作伙伴的知识、技能进行消化吸收，以此加深知识的理解，并将刚吸收的内部知识与原有的知识结合起来，不断提高产品的研发能力。

综上所述，高校可以通过技术咨询、人才培养、实验室建设和设备共享、产学研合作、项目合作和资助等方式帮助企业进行产品开发。还可以采取各种合作方式，互相合作，促进学术成果转化和产业升级，推动科技创新和产业发展。

第二节　特种食品供应链体系的设计与构建

我们进入特种食品行业，一定不是跟风看热闹，而是寄希望于各方合作，对该产业进行长远的战略布局，基于现有的产品，有条不紊地进行业务拓展，壮大产业发展。

而供应链能力就是该产业的核心竞争力。特种食品产业的进入门槛不低，需要很多厂家提供相关原料，进行生产、组装、零售渠道等的供应链组建。

最近几年，每年都会出现一系列的食品安全问题，食品安全问题一度引起人们的热烈讨论。食品安全问题一旦出现就不会只是生产过程中单一的某个环节有问题，大概率是企业的整个食品供应链出现了问题，其中最值得注意的包括食品种植养殖、加工、流通等环节。频繁出现的各种食品安全问题，多数都是食品供应链出了问题，表明相关企业和个体对于食品供应链体系的研究不够详细和专业。随着生活水平的提高，人民群众对食品的要求由量到质，为了保护群众的生命财产安全的同时保障企业的长远利益，必须对特种食品的供应链进行细致分析，并提出相应的供应链体系构建方案。

一、特种食品供应链体系的系统设计

在进行具体的供应链体系设计方案中，我们应当详细地对供应链中每一个单元、每

一个元素进行设计，要考虑到每一个细节，每一个环节。如果可以的话，尽可能提出多套方案，在多套提出的方案中选择最优的方案，作为最终选用方案。

供应链体系的设计方案，应该包括的详细内容有：①供应链的组成成员，供应链的组成成员是供应链体系设计的关键，包括以下成员：供应商、制造商、分销商、零售商等，对他们的选择将至关重要。②采购原材料的来源，其考量主要有合作的供应商的选择、货流量、原料价格和运输成本，这些共同决定了原料的采购来源。③生产设计，其内容有：生产产品选择、生产能力、生产计划、生产跟踪和仓储跟踪；物流管理系统设计；信息管理系统设计。④供应链的功能分析，供应链的功能分析指的是分析各企业间如何协调来完成供应链的各个功能，保证供应链体系的正常运转。

每个企业应该根据自己的实际情况确定自己的方案，所以在此不做通用方案的讨论。供应链体系设计方案完成并被选中后，需要对该方案进行测试验证，检验合理性，在日常业务中实施。我们需要对该方案作出评价，首要的依据当然是产品的质量，尤其在食品行业，产品质量是最重要的，它直接影响消费者的生命安全。在特种食品开始布局，竞争日益激烈的今天，速度也是非常重要的。这里的速度指的是物流速度、资金流速度和信息流速度，这些速度直接反映出一个方案中供应链体系的运作效率，如果供应链中的所有事件都可以更迅速的完成，那么产品的生产速率可以提高，产品成本也可以降低，同时企业的抗风险能力也得到提升。最直接的评价指标当然就是成本，在供应链中企业本能地降低成本，所以成本更低的供应链，将为企业获取更多的利润，这也正是企业想要的。最后，顾客满意度同样重要，企业做出产品，最希望的就是顾客满意，一些企业发出的一系列用户问卷调查，就是为了了解顾客对产品的满意度。顾客的满意程度从侧面反映了企业的产品研发能力，原材料、成品的质量，配套的销售及服务水平。

二、供应链体系需要注意的方面

(一) 以顾客为中心

供应链体系构建理当把顾客的想法作为构建体系过程中要思考的重心，供应链体系本就是以顾客为导向的，是以满足顾客需求为原动力的。顾客价值是核心，企业是依据顾客的需求来对业务进行调整的；在以前，供应链体系大都是根据自己的战略想法，先组织生产，生产之后再进行分销、投向市场。在消费者购买之后，企业才能知道销售效果的好坏。在这种体系下，销量暴涨导致的仓储不足与仓库积压的风险同时存在。所以我们的供应链体系构建方案中，产品从构想、实施以及最后的生产阶段都应积极鼓励顾客参与，只有倾听顾客的声音，使产品能极大程度地满足顾客的需求，才能使供应链达到优化。对顾客要做到服务到极致，回应顾客的询问和关注，并确保顾客满意的过程。有效的顾客服务需要强大的沟通技巧，关注顾客需求，并致力于提供优质的产品和服务。

(二) 强调企业的核心竞争力

食品行业是全球最重要的行业之一，竞争激烈，保持竞争力是食品企业的核心任务。企业的核心竞争力最重要的是产品质量。良好的产品质量可以增加顾客对企业的信任,并带来更高的销售额和利润。因此,食品企业应该始终提高产品质量,以满足顾客的需求并保持竞争力。品牌形象也是食品企业的核心竞争力之一。强大的品牌形象可以提高客户对产品的认知度,增加销售额和市场份额。因此,食品企业应该注重品牌塑造,通过不断创新和提高产品质量来加强品牌形象。在供应链管理中,企业的核心业务是非常重要的,可以帮助其在供应链上找到适合自己的经营内容,将非核心业务外包。一个企业的精力财力都是有限的,所以它要集中所有可以调动的资源投入到自己的核心业务上。只有通过这样的定位,企业自己才能在供应链上成为别人无法代替的一环。生产效率也是食品企业的核心竞争力之一。高效率的生产可以把成本压低,利润率得以上升。因此,食品企业应该加强生产管理,提高生产效率,以保持竞争力。

(三) 相互协作的双赢理念

供应链合作是指在供应链中的多个企业之间建立的一种合作关系,以实现共同的目标。供应链合作的意义在于,通过共享信息、资源和风险,帮助企业提高效率,降低成本,并增加利润。以往的企业供应链中,供销之间是一种争夺利益的关系,没有协调性可言。企业和各供应商都是各自经营,只负责经营自己的生意,企业与供应商和经销商都缺乏一种互相成就的合作关系,若只从各自短期利益考虑,使供应商之间产生价格竞争,就会导致没有了供应商的信任。通过建立良好的合作伙伴关系,企业就可以更好地与用户、供应商实现全方位合作,一起在产品调研、设计、生产、运输等方面对供应链进行组合和优化。实践中,企业也可以采取其他一些措施来实现与供应链中其他企业的双赢关系。与供应链中其他企业的双赢关系是通过共同努力实现共同利益的结果。这种关系的建立需要遵循一些原则,包括诚信、透明度、公平性和共同责任。例如,通过公开和透明的沟通有助于建立信任,进而提高合作效率。同时,公平的价格定价和合同条款有助于维护合作的平衡。例如,通过投资于供应链中的企业,以帮助它们提高生产效率和质量,从而为企业带来更好的产品和服务。同时,通过建立长期的供应链合作关系,企业可以确保其生产过程的稳定性和可靠性。另外需要注意的是,建立和维护与供应链中其他企业的双赢关系需要不断努力和持久的承诺。企业必须始终遵循原则,并不断改进实践,以确保与供应链中的合作关系始终保持健康状态。

(四) 优化信息流程

信息流程是企业与各供货商及其他合作伙伴的沟通,在之前信息科技还不发达的情况下,用电话、传真,甚至见面等方式进行沟通。而现在可以使用电子邮件及各种通信软件等进行沟通,方法不同,但其沟通的内容并没有改变。使用计算机信息系统,可以利用其高度自动化的操作和大数据技术的优势,使信息流通速度加快,从而减少错误的发生。以下是一些可以操作的方式。建立信息系统平台:建立信息系统平台可以方便企业与其供应链合作企业共享信息。例如,企业可以建立一个集成的电子数据交换(EDI)系统,以支持实时的数据交换。明确信息共享的内容和目的。明确信息共享的内容和目的是优化信息共享的关键因素。例如,企业可以与其供应链合作企业共享生产进度信息,以提高生产效率。建立信任关系。建立信任关系是优化信息共享的重要因素。例如,企业可以通过开展公开透明的合作项目,增强与其供应链合作企业间的信任感。定期评估信息共享效果:定期评估信息共享效果是确保信息共享效益的重要因素。例如,企业可以通过对生产效率和客户满意度进行评估，以评估信息共享对生产效率的影响。

（五）制定明确的计划

首先，企业应该制定目标。企业需要制定明确的供应链管理目标，包括价值最大化、成本最小化、风险最小化等。其次，分析现状，企业需要对现有的供应链进行全面的分析，包括供应商、客户、物流、运营等各个方面。再次制定计划，根据目标和现状的分析，企业需要制定详细的对供应链进行管理的计划，包括采购计划、生产计划、物流计划、库存计划等。最后，企业需要按照计划来执行各项任务，并对实际情况进行实时监控和评估。

（六）对数据进行管理

供应链需要大量的数据管理，需要建立一个完善的数据系统，以确保信息的准确性和可靠性。首先，数据收集。企业需要收集关于供应链的相关数据，包括采购数据、生产数据、物流数据、销售数据等。其次，数据整理。企业需要对所收集的数据进行整理，包括标准化、归类、统计等。然后，数据分析。企业需要对整理好的数据进行分析，以深入了解供应链的运行情况，并发现问题和提出改进建议。最后，数据存储。企业需要对数据进行存储，并确保数据的安全性和可靠性。

（七）持续的改进

企业的供应链需要持续改进，不能一成不变。原因如下：市场变化，市场是不断变化的，市场环境和需求经常发生变化，企业需要不断调整供应链结构和策略，以适应市场变化。技术进步，随着技术的不断进步，企业需要接受新技术并不断改进供应链，以提高效率和竞争力。竞争对手，竞争对手也在不断提高自身实力，企业需要不断改进供应链，以保持竞争优势。资源限制，供应链需要协调多个部门、多个方面的资源，随着环境和需求的变化，企业需要不断调整资源配置，以满足需求。

因此，企业的供应链需要不断改进，以适应市场变化和技术进步，保持竞争优势，满足需求。

三、企业对于供应链体系的管理架构

为了构建特种食品的供应链体系，应该使采购更加透明、效率高、效益最大化，故制定如下所示的体系架构（图5.2）。本架构适用于特种食品的相关企业。

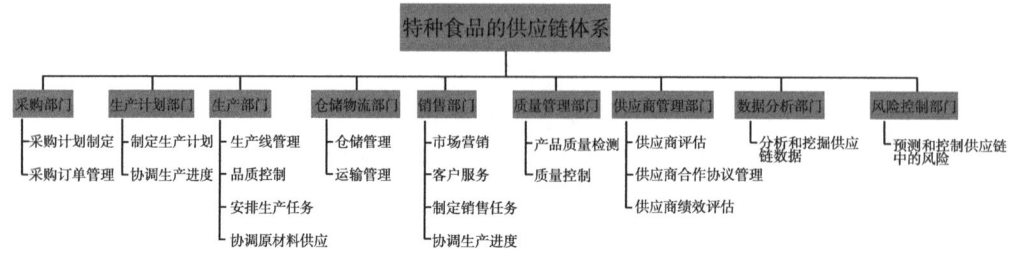

图 5.2 特种食品供应链体系架构

采购部门：负责企业的原材料采购工作，包括采购计划制定、采购订单管理等。

生产计划部门：负责企业的生产计划制定工作，根据采购部门提供的原材料采购计划，制定生产计划，并与生产部门协调生产进度。

生产部门：负责企业的生产工作，包括生产线管理、品质控制等，根据生产计划安排生产任务，并与采购部门协调原材料供应。

仓储物流部门：负责企业的物流管理工作，包括仓储管理、运输管理等，确保产品能够及时、安全地运输到达目的地。

销售部门：负责企业的销售工作，包括市场营销、客户服务等，根据销售计划制定销售任务，并与生产计划部门协调生产进度。

质量管理部门：负责企业的质量管理工作，包括产品质量检测、质量控制等，确保产品符合国家和企业的质量标准。

供应商管理部门：负责企业的供应商管理工作，包括供应商评估、供应商合作协议管理、供应商绩效评估等，确保与供应商的合作能够顺利进行。

数据分析部门：负责对企业的供应链数据进行分析和挖掘，为企业的决策提供数据支持，提高供应链管理的效率和效果。

风险控制部门：负责企业的风险管理工作，包括对供应链中的风险进行预测和控制，确保企业的供应链运转稳定和安全。

另外特设部门或人员如下：

经营管理委员会：特种食品企业进行供应链的综合管理的掌权部门，负责对提出的供应链管理的制度进行评定与审批、对与上下游供应链企业进行谈判的谈判人的任免与审查、对最终的供应链管理制度进行最终审核。

营销管理委员会：特种食品企业对供应链管理工作进行审查的部门，工作职能有谈判人任职资格的审批、对已实行的供应链管理制度中涌现的各种问题给出意见。

产品负责人：对各自生产的特种食品产品的技术方案进行选择、外购原料和产品所需的技术支持、对技术方案是否可行进行验证，还有指定供应商的开发、合作准入标准，同时负责组织采购所需商品清单和采购相关的商业谈判，进行采购成本的初步核实，并移交财务审核。

财务部门：负责对项目成本的再次核实，对投标项目的报价成本进行核实和审批，负责项目进行过程中的采购监督，其中包括采购原料、采购技术设备，同时还要进行到货验证及质量跟踪。

资本经营中心：负责采购资金计划的制定、发布及执行，负责项目资金收支计划的制定、发布及执行。

风险控制中心责任人：企业内负责协调食品安全相关事宜的重要职位，管理食品安全风险评估和控制，协调内外部沟通事故处理和危机管理，负责协调处理食品安全事故和危机，及时采取措施，避免或减少安全风险对企业和消费者的影响，并与相关部门进行协调和沟通。

谈判人：负责与潜在合作伙伴进行谈判，商定合作方式、合同条款和商业条件等，确保合同的合法有效并符合企业的利益，完成谈判工作，另外负责开拓新的业务领域和市场机会,寻找新的商业合作机会,促进企业的业务增长和发展。

主设计师:对项目的投资、材料、设备、劳动力等成本进行全面的核算和分析,制定成本控制策略和预算管理计划,确保项目的经济效益和盈利能力。

大项目经理:负责项目土建成本的核算;负责审核初步核算过的投标设备成本。

工程项目经理:负责项目的整体管理和协调,组织和指导项目团队的工作,确保项目各项工作按照计划顺利进行。负责项目的质量保证和技术支持,制定质量管理计划和质量标准,组织和指导项目团队的技术工作,确保项目的质量符合要求。负责项目的安全保障和环境保护,制定安全生产和环境保护措施和计划,确保工程施工过程中的安全和环保合规性。

四、数字时代的数字化供应链

随着互联网、分布式、云计算、大数据、人工智能等高新科技的发展,数字化成为了制造业转型升级的核心驱动力,给传统制造业带来了巨大的冲击。如今中国人民的物质生活水平不断提高,需要更多更高质量的食品进入千家万户。在这种情况下,传统制造业也无法满足人们的需求,究其原因,主要是传统的供应链模式已经适应不了现代化的节奏。

数字化供应链是指利用云计算、大数据等数字化技术,来改进甚至颠覆传统的供应链方案,使其具有需求、预测、协同、执行、决策等能力。①需求:根据数字化平台中原料、生产、仓库、市场等数据,对供应链中不同企业需求进行分析;②预测:监测舆情、法规、原料、市场等可能影响供应链的因素,预测未来时间内健康状况,防范危机;③协同:连接供应链上下游企业,对彼此的业务状况和业务数据进行互通统一,共同推动供应链的开拓发展;④执行:获取供应链中仓储、运输、市场等业务数据,自动判断生产数量、运输时间、市场需求,对每个环节业务进行调整;⑤决策:根据供应链和市场各节点数据和信息,智能推断供应链未来变化情况,对业务状况进行决策。

数字化供应链有如下特征:①数据驱动:数字化供应链是基于数据的,企业通过收集和分析数据来优化供应链运作。②实时可见性:数字化供应链提供了实时的见解,使企业可以快速作出决策。③自动化:数字化供应链支持自动化,可以提高效率并减少人工干预。④可持续性:数字化供应链可以帮助企业评估和优化其供应链的可持续性,以满足客户和监管机构的要求。⑤协同合作:数字化供应链支持协同合作,使得供应链各个环节之间可以高效协作。⑥灵活性:数字化供应链可以帮助企业快速应对市场变化和客户需求的变化。⑦精细化管理:数字化供应链提供了更加细致的管理,可以更好地监测供应链状态,并在发现问题时及时作出调整。⑧智能化决策:数字化供应链利用人工智能和机器学习等技术,支持智能化决策,提高决策效率和准确性。⑨流程优化:数字化供应链可以帮助企业优化供应链流程,减少浪费,提高效率。⑩即时通信:数字化供应链支持即时通信,使得供应链各个环节之间可以快速沟通。⑪全球视野:数字化供应链支持全球化,使企业可以在全球范围内管理供应链。⑫技术集成:数字化供应链可以集成多种技术,如物联网、大数据、人工智能等,以实现更高效的供应链管理。

数字化供应链不同于传统供应链,在传统供应链中,供应链大多呈链式的结构,从原料供应一直到仓储、销售等的上下游企业全部被一根链子连在一起,一旦其中一个节点未能按预想进行,供应链都会受到影响,甚至陷入停滞。而数字化供应链则呈网络型结构,每家企业都只是供应链网络中的一个节点,当一家企业的供应或流通出现问题,节点中也会有相应的其他企业来代替它,使供应链继续正常运行。

构建数字供应链,需要进行企业的信息化与数字化建设。企业把各个部门的业务数据统一存储到自己的数据库中,接着利用数据分析把业务数据进行分析,制作成可视化图表,展示在企业的数字化供应链的统一平台上来,这样企业的相关上下游企业便可以更直观地展现出来,方便进行沟通和推进业务,当它们出现问题的时候,可以更快地反应,调整业务,避免业务陷入停滞。通过搭建实时的数字化供应链大数据平台,提高供应链的可视性。数字化的供应链大数据平台可以实现对供应链整体的可视化管理,包括供应商的选择、采购、生产、物流、仓储等各个环节,使得企业可以更好地把握供应链的全局状况,及时发现和解决问题。优化供应链的效率。数字化的供应链大数据平台可以对供应链中的各个环节进行数据分析和挖掘,实现对供应链运作的优化,例如缩短交货时间、减少库存、提高配送效率等。提高供应链的协同效应。数字化的供应链大数据平台可以实现各个环节之间的信息共享和协同,加强了供应链各方之间的沟通和合作,提高了供应链协同效应,降低了成本。实现供应链的风险预警。数字化的供应链大数据平台可以通过对数据的监控和分析,实现对供应链中潜在风险的预警,提高了企业应对供应链风险的能力。提升决策的科学性。数字化的供应链大数据平台可以通过对海量的数据进行分析,为企业提供科学的数据支撑和决策参考,帮助企业制定更加科学和有效的供应链管理策略。

供应链是企业核心竞争力,是企业在竞争中获胜的决定力量。供应链的数字化转型可以提高效率和降低成本,通过数字化转型,企业可以实现供应链信息的共享和协同。数字化转型还可以实现对供应链中各个环节的数据分析和挖掘,为企业提供更加科学和有效的决策支持。加强风险管理和预警。数字化转型可以帮助企业对供应链中的风险进行有效预警和管理,降低了企业面临供应链风险的概率和影响。实现供应链可持续发展。数字化转型可以帮助企业实现供应链的可持续发展,例如降低碳排放、提高资源利用效率等,符合企业社会责任和环保意识。加强企业与供应商之间的合作和沟通。数字化转型可以实现企业和供应商之间的信息共享和协同,加强了合作和沟通,有助于构建长期稳定的供应链关系。

因此,企业要想屹立不倒、基业长青,一定要实现供应链的数字化转型。在数字化时代的背景下,数字化供应链是目前最适合企业上下游产业链连接的一种模式,也是在商业创新的市场背景下能够支撑产品快速研发、推广、生产、投放的根本。

第三节 特种食品供应链加工销售优化模式

一、特种食品供应链的优化方式

食品质量安全问题一直都是社会上的棘手问题，并且生鲜产品的质量安全问题也一直是大众最为关注的问题之一。而生鲜食品在运输和存储过程中，时间对品质的影响非常大，因此生鲜食品的供应链需要更高的时效性要求，以保证产品的新鲜度和品质。生鲜食品还需要在恰当的温度和湿度条件下存储和运输，以保证其品质和安全。因此，生鲜食品供应链需要更高的温度、湿度和空气流通控制要求，同时需要考虑不同生鲜品类的存储和运输条件的差异。由于生鲜食品需要在较短的时间内食用，且需要特定的储存条件，因时效性和储存要求较高，所以其运输距离相对较短，生鲜食品供应链也就需要更加密集的物流网络，以便快速将生鲜食品从产地运输到消费者手中。由于生鲜食品的特殊性，消费者对其品质和安全的要求非常高，因此生鲜食品供应链需要更高的透明度要求，以便消费者了解其生产和供应过程，增强对其品质和安全的信任。

应该加强对生鲜类产品供应链的简化与整合，着眼于供应链各个环节的整体优化，以实现削减冗余环节、减少采购成本以及配送费用减少的目标。需要利用高新信息技术系统互通有无，从而提高供应链的运作效率，能够顺利地适应迅速变化的经济市场以及充分满足快速发展的经济市场需求，确保高品质的生鲜类产品稳定输出。

通过对供应链的简化与整合，可以减弱人们对这一问题的忧虑，保障消费者的利益，增强消费者对市场的信心，维持市场正常秩序。通过削减生鲜产品供应链的冗余环节、减少产品流通的过程，将消费者直接对接个体农户或者农产品基地，并且将每种采购产品的生产地登记在案，以确保发生安全问题时能够追溯源头。

如此一来，便能够发挥其对该行业市场的主导作用，实现对生鲜产品供应链的各个环节的监督作用，确保产品在各个环节都保持高质量，以减少次品流入市场的概率。同时，建立农产品检疫中心，当发现存在出现农药残余过度等问题的产品时，追溯源头，将问题供应商列入禁入市场的范围内，同时评选能稳定供应高质量的产品的商家给予一定的奖励，以激励生产商自觉监督产品质量，更好地保障产品的质量安全。也可将高新信息技术系统引入供应链的管理中，增强供应链上下游环节信息数据，当市场或销售环节出现问题时，能够迅速联系其上游环节作出相应反应，从而减少损失，实现供应链的整体优化。此外，增强企业应对市场变化的能力，下游企业能够通过供应链信息系统迅速向上游集团反映，令企业能够及时根据市场需求更改采购计划，提高应对市场变化的能力，并通过冷链运输的方式迅速将产品配送到各个地区的仓库中，保证产品的高品质，满足消费者的需求。

总的来说，通过以上几种方式，提高供应链的运作效率，确保产品的高品质，增强消费者对企业和产品的信心与好感，最终提升企业既得利益，实现双赢。

二、特种食品供应链优化过程中遵循的原则

我们在进行供应链加工销售优化过程中,还应坚持以下原则:

(1)优化原则。也称为合并整理原则。交易成本理论认为人们进行每一项交易都会产生成本,而供应链上的流程越多,付出的成本也越高,在供应链优化中应坚持合并整理原则,整理顾名思义就是厘清供应链流程,削减冗余环节,从而降低能耗,提高供应链的运作效率。合并优化即要求在整理原供应链的基础之上,提高供应链各个环节的运作效率,减少各环节之间冲突,使各个环节能够协调运作,从而优化整个供应链,提高供应链的运作效率。

(2)流程有效原则。应确保新增供应链环节的有效性,在整理与优化供应链的过程中,削减了冗余环节,难免会增加新的环节,填补原供应链的不足之处,增强其统一性与协调性。但在新增环节之前要确保该环节能够在供应链过程中产生切实的效益,从而提高企业既得利益,如果新增供应链环节仍是属于重复的、冗余的环节,那么不仅不会提高供应链运作效率,反而会增加供应链的耗损、降低企业效益。因此,在优化供应链的过程中必须注意供应链各个环节的有效性。

(3)战略规划原则。应符合企业的长远战略、贴合企业长远利益。供应链的整理与优化方向必须与企业的长远战略方向一致。如果供应链的优化仅仅只是在个别环节上有所改动,而并不注重整体上与企业未来发展规划的贴合性,那么这样的供应链也将无法实现企业未来的目标,从而被管理者淘汰。确保经过优化后的供应链能够在最大程度上提高企业的效益,这样供应链才能够长久稳定地发展下去。

(4)动态改进原则。适应市场环境与竞争环境,市场瞬息万变,同时食材供应链优化策略期企业面临的难题也是不同的,企业供应链所产生的问题也会随之不同。为了确保企业能够顺应市场变化而不断优化供应链,企业应该正视当前所处环境带来的机遇与困难,并且树立长远发展目标,制定长远的战略规划,并且依据其规划优化与整合供应链环节,从而确保供应链能够长远发展,在不同时期,都能给予企业新的生命力。

三、完善特种食品供应链的措施

完善的供应商管理系统对整体供应链优化十分重要,应该不断加强对供应商的激励,促进和供应商之间的合作关系,通过完善的管理系统来加强食材供应体系。针对规模庞大、影响力强的供应商有着一套针对性的应对方案,同时针对一般规模的供应商、拥有高新技术的供应商以及制定了长远战略合作方案的供应商,都有着自己一套独特的应对机制。应根据供应商的不同特性,采取不同的管理方案与奖励机制,提高管理效率以及供应商积极性,从而达成良好的利益共识,建立友好的合作关系,这只是供应链当中最基础的一步。在企业供应链形成的初期,由于市场瞬息万变,尚未成熟的企业难以根据市场变化迅速应对危机,优化供应链条,同时在这个阶段企业战略规划尚未完全成型,无法准确地指导供应链的优化方向,从而导致供应链无法维系稳定。而这个时期供

应链的稳定运作是确保企业利益极为重要的手段。供应链上下游环节的企业必须联合起来，团结一致，共同应对市场的风险与机遇，但同时要警惕利益诱惑，不可因为贪图自身利益而导致整个供应链条断裂。各个环节的企业都要提高企业自身的全局意识，做好牺牲个体成就整体的准备，履行身为市场主体的责任与义务，确保供应链能够稳定运作以维系集团发展。而当度过这一艰难的初期阶段，企业供应链就步入到了稳定时期。这时，企业供应链又要面临新的危机。由于供应链创立初期各个环节的企业都为维系供应链稳定运作做出了一定贡献，在后期衡量自身的贡献时会出现一定程度的偏差，在集团内部企业之间的利益分配上会出现一定的分歧，严重的矛盾甚至可能导致集团内部分裂、供应链断裂等。这时，当务之急是建立一个能合理有序地评估供应链上各个环节企业绩效的体系与机制，从而确保利益分配与企业承担责任相匹配，减少企业之间的利益纠纷，维系供应链环节上各个企业之间的友好合作关系，保证供应链能够持续稳定地运行。

选择供应链时急需进一步加强农产品基地的开发，保证农产品源头的质量，生鲜产品的品质一直是客户所主要关注的，加强对农产品基地的开发能够实现源头优化，保证生鲜产品生产环节的干净和品质。随着消费升级，越来越多消费者看中食品安全，一来需要产品足够新鲜，二来要求产品的绿色、安全、健康。可是事实上尽管很多自称是绝对绿色、卫生的安全产品，其整个生产的流程未必完全是按照标准进行的，所以即使标榜了安全、健康、绿色，也难以完全相信其真实性。自己拥有一套用作监控生产环节的标准，可是尽管如此还是不能够做到面面俱到，兼顾每个细节，能做到的也只有促进检测更加标准。为了提升自己的检测水平，坚持从采购流程着手强加管控，协调全部供应链的运转、新鲜食材的配送，达到业务系统模型的设定，并通过小型生态系统的验证，后续的化零为整的环节还是会有更多的挑战和时机，这时的资源、需求会变得烦琐起来，想要保障系统如常运转，需要扩大食材的采购选择地，协调好采购量及采购成本二者间的关系，尽量选择统一采购与区域范围内本地化处理机制共同落地，缩减采购的时间消耗。

另外需要把未利用到的仓储、物流合理使用起来，在这里合理、高效的物流渠道体系称得上是产品经营的重要步骤。第一，要做好配送中心位置选取的规划，超市应当考虑好店面的具体情形，再加上产地情形做出位置的选择和自身服务区域的划分，选择和规划一定切忌只顾及眼前利益，要用发展的眼光考量店面、产地的未来趋势。第二，需要配送的产品不一样，储存和配送的条件也会不一样，这就需要具体划分出来专门生鲜产品配送中心及一般配送中心。在这里要强调的一点是，某些产品的配送要求高，一些特别的产品要用冷链配送、储存，特别烦琐的是为达保鲜目的，除了冷链运输，还应该做到产品自初步采摘后的冷链运输。

完善仓储布局和配送系统。为满足顾客高品质产品的市场需要，应对产品的储存和运输提出比较高的要求，为此，完善仓储布局和配送系统十分重要。在全国各地建立大量生鲜食品仓储，可以保障消费者在短时间内吃上新鲜的食物，具备大量的生鲜食品仓储地，这类仓储地遍及全国且布局十分巧妙。进行产品配送中心的建设，一定少不了的是冷藏库以及生鲜产品配送中心冷冻库。为了促进保鲜链的高效运转，各个配送中心可以设定三层,其中一二楼用作冷藏、冷冻存储,生鲜产品的深加工在三楼进行。还在完善阶段的配送中心十分注重加工、研发,在这里的农产品大都是初级产品,少不了之后的详细分类,避免过多中间环节带来的损失,坚持保证生鲜产品的质量。不断提升基础设施的水平,协助构建起包含生鲜产品采购、储存、运输、销售的链条,建设种类详细的冷链物流配送体系。为了达到企业物流仓储的良好效果,一些易损坏的产品,完全可挑选较近的合作伙伴,减少运输环节的折耗。升级完善信息系统借助于生鲜产品供应链这一媒介,运转着的供应链信息系统是上下游一系列流程的指挥中心,其主要的价值是保障供应链快速反应、高效沟通、信息共享,属于促进现代化、高科技的方法。供应链内的全部指令皆来自供应链信息系统,供应链信息系统可促使全部供应链高效运转,可达到供应链协调运转目的,可见升级的重要性。内部的信息系统还需要进一步升级,利用好供应链系统强化上下游的协调,为确保供应链内外的平衡,要注意内部管理,指导供应链的成员使用自身的信息来加强彼此之间的沟通,在供应链系统中信息能否在各级供应商之间流通十分重要,应为供应链企业的信息沟通制定专门的沟通系统,保证效率。重点分析、研究各业务流程,企业内及供应链成员间的信息传输都存在限制,其反映的主要是企业信息化系统不健全,应强化信息管理系统的管理、应用。信息系统的完善也需要企业的硬件系统有所升级,升级电脑配置、网络设置等,特别是很多供应商所在地区的网络并不稳定,应在此方面加强支持,保障网络通信质量,在软件系统和硬件系统的应用上都要有所配套,以此来保障信息系统能够顺利升级。

建立完善的用户信息服务系统,发展、维系客户的信息管理系统,以此巩固企业的核心竞争力,稳定业绩的迅速增长。用户服务系统需要更加完善的用户画像识别,下游客户对于未来的客户市场发展尤为重要,应进一步完善下游画像,分析用户的购物信息等数据完善用户画像。在新零售时代,消费升级正在促使消费者参与到产品设计与实现的整个产业链过程当中,各种各样的消费场景都在被挖掘,各种入口场景、内容场景、支付场景等,都为零售商提供了大量的消费数据进行深入的分析,不同的消费人群会在什么样的零售场景下产生什么样的消费需求,这都可以由不断深入的需求分析来解答。多业态并存也是消费场景多样化的一种表现,基于对各种消费场景的模拟和构建,零售商会不断引入新的业态模式去丰富过去单一的零售业态,吸引更多的顾客去门店消费,同时增加消费者黏性。在新零售时代,消费者更愿意以更加便捷和高效的方式去购物,电商企业的生鲜业务部署从诞生起始就携带着新零售的基因,这是它们相比较传统零售业的先天优势,它们会本能地去深度挖掘消费者的消费习惯,适应消费者的消费习惯,转而成为更高效的服务提供者,但理解消费者真正的需求,背后是一套复杂的后台逻辑,需要零售商不断去探索和试验。完善的用户服务系统需要企业和客户、潜在客户稳定好联系,对此企业有必要展开自主、系统的客户需求调查,将重心放在客户需求上,还要注意企业各内部组织结构的完善,规范各业务环节,确保客户满意度、客户忠诚度维系客户利益,进而保障企业自身效益,达到企业维持和外在市场联系的目标。其次客户关系处理得到改善,应当由企业进行各项有效资源的整合,还要重新组合业务流程,将企业内的信息资源充分利用,起到缩减企业运营成本的目的。现在企业应当尽力去优化、完善和客户有关的一些业务流程,坚持借助先进信息技术、管理方法塑造企业的客户数据资源库，建设快捷方便的电子化、自动化运营模式，采取分级分类管理方法帮助下级人员得到客户信息。最后在客户、业务积累的同时，客户信息服务系统也需要不断升级，平台是各类生产商、消费者的媒介，平台的优化会使得收集的数据更有效、精确，在掌握了大数据的基础上，本业务系统内有关利益方才能实现增量增值。

四、实现特种食品供应链优化的保障

2020 年新冠疫情以来，很多城市都不断地暴发疫情，这对疫情暴发城市的生鲜供给，以及整个生鲜产品的供应链保障就提出了更高的要求，供应链体系也同样需升级。在疫情突然暴发的地区，对当地的供应链上中下游的协调提出了更高的要求。在上游，是否能保障突发情况下的货源供给，在本地供给渠道被切断时要能做到多源头多地区调货，保证充分的货源供给。在中游，仓配网络系统，要能做到及时加工配送订单的同时在消杀防疫方面要做到 100% 安全。在下游，从供应 B 端渠道的平台转向 BC 端同时供应的平台，一定要做到区别用户的商品和履约需求，在履约端做到无接触配送，阻断病毒传播的可能。与此同时，要做好各种灾备方案的预案，把突发状况带来的影响降到最低。因此，确保供应链稳定运行的保障措施包括以下方面。

制度保障。企业制度是企业赖以生存发展的根基，要确保企业的供应链路程优化的思路得到落实，主要方法还是应该确立起严格的管理制度，从结构上对企业运行起约束，从行为上对员工思想起指引。首先，可以确立起严格的培训制度，对已经在职在岗的老员工进行供应链管理思想的培训，从企业文化的角度上养成好的习惯，使得企业员工形成较高的整体素养，便于工作的开展，与此同时，对于刚入职的新员工，也应在培训专业技术的同时增补其对于供应链管理思维的重视。其次，还可以建立起相应的绩效考核制度，作为一个新项目的开展，企业供应链流程优化的推进过程或许会遇到或多或少的阻力因素，为顺利推进企业供应链流程优化的实施，适当的绩效奖惩制度可以激发员工的热情和积极性，简化部分矛盾。最后，在企业整体上应推行严格的标准化制度，当企业实现整体结构的改进后，部门之间不再各自为政，需要加强彼此间的标准化运作，避免因标准不一而产生的对接错误。

技术保障。企业在实现供应链流程优化目标的同时，对企业自身的技术水平也提出了更高的要求，企业要实现流程方面的改进，企业的技术水平也要随之提升。升级技术为上文提到的整个零售行业资源的整合协调提供了实现的可能。对新技术的产生，企业应做到以下几点：①了解行业最新技术。参加展览会、技术交流会，读相关报刊等，了解行业内最新技术。②引进先进设备。根据生产需求，引进适合的先进生产设备，提高生产效率。③加强人才培养。培养技术人才，使员工能够熟练使用先进技术。④建立信息化管理体系。通过实施信息化管理，提高管理效率，降低管理成本。⑤合理利用信息技术。通过合理利用信息技术，提高生产效率，降低生产成本。新兴技术的应用意味着一种新的交互方式，各种新技术已经进入了一个爆发式发展的阶段，人工智能、人脸识别、虚拟现实、深度学习等新技术等都即将进入全面的商业化应用阶段，未来在各种新兴技术的引导下，将会形成真实商圈与虚拟商圈的互相覆盖，由此，生鲜业务的供应链模式将随着新零售的进一步升级而发展到新的阶段。未来人工智能可以实现主动将高峰订单进行分流处理，人脸识别可以在识别顾客身份并进行验证的基础上实现自动付款，虚拟现实可以增强线上购物的客户体验。

为了协调供应链，食品企业可以采取以下措施：

建立信息共享机制：食品企业可以利用现代信息技术，与各个环节的供应商、生产商、销售商等之间建立信息共享机制，以确保信息及时、准确地流通。

制定共同的标准：食品企业应当与各个环节的供应商、生产商等共同制定一些统一的标准，以确保食品的质量、安全、环保等。

建立协调机制：食品企业可以建立一套有效的协调机制，以确保各个环节的合作顺畅、协调一致。

加强对供应商的管理：食品企业可以对供应商进行定期的考核、评价，以确保其供货的质量、及时性。这些措施将有助于食品企业更好地协调其供应链，从而提高其生产效率、降低生产成本、提高客户满意度，实现更高的效益。

合理预测需求是食品企业提高效率和降低成本的关键。企业可以通过以下几个方面来实现这一点：利用数据分析，分析历史销售数据、市场趋势、季节性等，以预测未来需求。建立客户关系，建立与客户的长期关系，了解客户的需求和预期，并将其纳入预测。实施订单预测系统，引入订单预测系统，通过算法分析客户订单历史数据，预测未来需求。接受市场反馈，积极询问客户及市场的反馈，根据客户需求和市场反馈来预测需求。通过以上几个方面，食品企业可以在预测需求方面有所提高，从而更好地协调供应链，提高效率和降低成本。

建立和维护合作伙伴关系。在供应链的加工和销售中，食品企业可以通过以下方式来建立和维护合作伙伴关系：选择合适的合作伙伴，在选择合作伙伴时，食品企业应该考虑合作伙伴的质量、价格、交货期以及售后服务等因素。建立长期合作关系，食品企业应该与关键的合作伙伴建立长期合作关系，以确保他们对食品企业的需求有足够的了解。建立沟通机制，食品企业应该与合作伙伴建立有效的沟通机制，以确保他们能够及时了解到合作伙伴的需求和问题。积极评估合作伙伴的表现，食品企业应该定期评估合作伙伴的表现，以确保他们能够满足食品企业的需求。积极分享信息，食品企业应该与合作伙伴积极分享信息，以提高合作伙伴的效率和效益。

品质保证。对于品质保证，食品企业可以采取以下措施：建立严格的品质控制体系，制定合理的标准、程序和流程，以保证产品质量。开展完善的品控体系，结合现场检验、设备检测、原材料检测等方式，开展多重品控检测，确保产品质量。建立追溯体系，强化追溯体系，对原材料、生产过程和产品的整个流程进行全程追溯，方便快捷地找到问题的源头。加强培训，不断加强员工的专业技能，增强员工的专业素养，提高员工的品质保证意识。通过这些措施，食品企业可以保证产品的质量，提高消费者的信任度，同时也有利于企业的长期发展。

最后，在销售中应根据所处商圈的特征分析，根据门店的销售数据建立最符合该门店运营的供应链模型，并且进行持续改进，从而不断降低门店运营成本，提高门店运营效率。所有的新型技术在零售行业都有其充分的利用价值。企业现行的办公系统利用效率不高，办公方式以纸质化为主，技术水平相对比较落后。对于企业来说，要实现供应链流程优化，部门之间的沟通和交互性、企业与供应商的合作亲密度都会有所加强，需要加大多系统开发与维护人员的投入，企业内部开展自动化办公，注重信息交互的时效性，避免因部门间沟通不当而产生信息滞漏，从而影响整个企业的运作效率，延长订单的生产时间。

第六章
特种食品制造与生产智能化分析与建设

第一节 特种食品制造与生产智能化现状分析

一、特种食品制造现状

在智能技术高速发展的今天,"民以食为天"被赋予了更全新的内涵,其含义有了更多更饱满的外延。大众对食品的需求已经产生了由仅仅需要饱腹到考虑不同类型食品所提供的养分、食品质量是否达标、回归自然、重视天然、药食同源等个性化、养生化需求的转变,这种生活观点就成为现在大部分消费者追求的饮食风尚。

如今,我国的特种食品行业经历了由"粮食安全""食品安全"到"营养与健康安全"的发展和转变。对特种食品有消费需求的人群对这类食品产品的价格的敏感性持续降低,与此同时对其富含的养分、对身体健康方面的需求逐步提高。根据世界卫生组织提出来的膳食金字塔模型,为了最大程度地为人类提供养分并保持人体的健康,人类对于一天中不同食物的摄入应当遵循一定的比例和含量;此外,人类在不同年龄阶段的营养需求也存在差异。中国正在迅速采用、适应和发展绿色技术和理念。中国现在在有机生产方面处于世界领先地位,这可能对世界粮食生产产生影响。绿色食品和有机农业在中国的迅速崛起,推动绿色食品和绿色农业发展的多重动力,以及支撑绿色食品和农业的创新实施策略。

而据可靠数据表明,特种食品的专业生产方为了能够在保证其产品质量时,能够完全运用科技化的先进手段来给产品中添加天然化属性的食材,同时还要用天然调味剂等手段去降低特种食品被工业化制造的痕迹,提升每个产品中包含的人体所需的营养价值,可以使其能够满足不仅是儿童的营养需求,还有中青年、老年等不同群体的营养需求。新技术、新工艺、新材料在特种食品领域中的广泛应用,使得特种食品行业即基因食品、有机食品、功能性食品等蓬勃发展,并且已经逐渐成为食品行业开发的主流。不同类型的生物具有不同特性,而DNA分子中具有特定核苷酸序列的一个特殊片段是决定不同生物特性的元素基础,因而人们通常都会研究利用基因工程的手段,来将生物体内一种控制某种特性的基因元素作为外源基因,移植到另一不同的生物体内并使它能够有表现,这样就能够来实现两者的优势共存及融合,通过这种人工操作可以使原生物具有符合自然生长规律的其他生物体的特殊行为或其他特征,通过这样的手段得到的农作物产品就是"基因修饰食品",我国习惯统称它为"转基因食品"。

有机食品作为我国的一个全新且要大力发展的方向,目前正逐渐成为特种食品行业的研究及开发的主要方向。我国的有机食品初始于20世纪90年代,到现在大约有900多种产品。其中单是苹果就有十多个品种,而大米,油类共有七大类二十九个品种,这些产品主要是为了星级宾馆、高级酒店的食品供应。与国外有机食品行业横向对比,我国的有机食品行业的缺点较多,具体有:我国的有机食品市场占有率低且品种少,同时销售价与国外有机食品行业相比低30%。分析原因,有研究认为是由于有机食品的特殊环境成本和特殊的加工成本普遍比普通食品高,因而目前还仅是"豪门消费"的水平。这就限制了有机食品在我国特种食品行业的发展与进步。我国目前正处于大力发展有机食品的发掘阶段,具体表现在现在的消费者对于维持健康和保护环境的意识越来越强,销售途径从单一线下模式转向为结合网络的多元模式。同时,不仅政策扶持力度越来越大,而且市场消费者的消费升级,推动市场和政府拉动相结合,有机食品迎来了巨大的优待和广阔的发展空间。

除有机食品外,功能性食品也是我国特种食品行业将要大力发展的方向之一。功能性食品是指除富含多元素营养及养护功能之外,还具有与机体抗体防御有关的保健功能,包含以上功能的食品被称为第三功能食品,简称为"功能食品"。

二、特种食品生产智能化现状

在过去十年中,食品制造业一直在尽力发展,既要从现有资产中提取更多产能,又要在这样做时提高交付可靠性,科技创新仍在驱动着特种食品产业向全营养、高科技和智能化方向飞速发展。特种食品行业的众多趋势展示了智能化制造在实际实践中的发展,而不仅仅是在理论概念上。食品生产商和技术团队现在从概念验证发展为可扩展的用例,公司不再专注于在一个"灯塔位置"进行开发和试验,而是专注于应用和创建可扩展的全网络解决方案以提高效率。自始至终自动化和智能化的发展也将成为特种食品未来的重要组成部分,而且在很大程度上,它已经成为主要部分。

工业应用中提高生产力的迫切需求使得机器人被用于自动执行各种任务。人工智能的机器人是由计算机控制的高度自动化的机械操纵器。机器人现在被认为是工业不可或缺的一部分,因为它们在提高准确性、可重复性、可靠性、精确性和效率方面发挥着作用。使用机器人有助于消除伤害,提高生产频率和质量,降低直接人工成本并提高安全性。先进的认知计算和深度学习方法已被开发用于制造系统中的自动视觉检查、故障检测和维护应用程序。强化学习方法被积极用于物料搬运系统和生产计划。寻求将实时数据转化为实际选择的行业正在寻找将人工智能方法与传统运筹学方法、物联网(IoT)概念和技术以及网络物理系统相结合的方法,从而能制造出更智能化的机器人用于特种食品的生产制造。

机器人自动化为特种食品制造提供了许多好处,其中最重要的好处是灵活性。从本质上讲,机器人技术提供了可重构性和快速适应新工作环境和新流程的能力。在确保产品高质量和均匀性的同时,机器人技术以精确的方式重复执行既定的计划动作。此外,由于重复运动而造成的劳动力伤害更少，从而改善了整体工作环境。效率的提高确保了生产成本和时间的减少，并将废料的产生保持在最低限度。

1. 国内外特种食品智能生产加工线现状

近年来，中国食品制造业发展迅速。尽管如此，它仍处于初级阶段，面临着各种挑战，例如工厂食品处理和制造缺乏透明度和自律性，不愿在原材料供应商和制造商之间合作提高产品质量，以及涉及多个中小企业的供应链网络基本分散。在当今竞争激烈的工业化体制中，我们可以看到许多重要的特种食品加工公司和包装机械制造商已经成功地将机器人集成到许多不同的过程中，包括乳制品、烘焙、糖果、冷冻食品、零食和饮料等。其中一些应用是利用机器人灵活性的独特专利发明，但更典型的是部署机器人来补充传统包装机。值得注意的是，食品行业仍然是机器人的新市场，因为安全和卫生加工的标准化并非微不足道。与其他行业相比，特种食品工业在采用现代智能化技术方面还比较落后。然而，随着粮食加工、果蔬加工、肉类、畜禽加工、乳制品、饮料等全球食品行业市场要求的提高，严格遵守食品安全法规的要求，对现有设施进行了升级。由于全球形势的快速变化，食品加工行业的自动化正变得至关重要。全球化和合并导致的竞争加剧、消费者对高质量食品的要求、政府强调清洁、卫生和安全因素以及更多样化的产品线的灵活性等因素，使特种食品行业的注意力转向现有系统的升级。除了建立一个有效的控制系统和最大限度地提高操作灵活性外，加工生产线的自动化是特种食品工业应对未来挑战的重要途径之一。

利用大数据收集人群需求、设备参数等信息，建立科学的特种食品生产数据库，形成准确量化的参数图像；通过多元传感器自动监控特种食品生产过程，蓝牙、射频、近场通信等将各个设备互联，生产指令的计算机编写和传输，将建立信息交互的智能系统，实现生产过程的标准化和数字化控制。食品厂不断从传统工艺向真空微波加热、欧姆加热、挤压、辐照、高压处理、脉冲电场处理、等离子体处理、脉冲磁场处理、超声波处理等更先进的加工技术转变，以实现其可持续发展目标。与传统加工食品相比，这些技术能够生产出微生物安全的、质量属性相同或改进的最低限度加工食品。即使是现代的特种食品加工技术，在计算能源消耗、排放的二氧化碳量、对环境产生影响、废物的产生和回收利用方面，也比传统的食品加工技术更有效。

2. 国内外特种食品智能生产技术发展现状

特色食品正在逐渐成为中国经济体系中的重要支柱产业之一，同时也是一个快速增长的产业。这主要得益于中国是一个农业大国，为特色食品产业的发展和创新提供了条件。基于《工业机器人机械结构与维护》一书中对于食品产业的工业机器人的相关论述，相关食品行业工作者要认识到工业机器人运用在特种食品产业中能够产生的优势，进而积极地转变工作思维与工作理念，才能更好地推动特种食品产业的智能化发展（李再明，2021）。使用工业机器人不仅能够增强生产的效率和稳定性，还能够保证食品的卫生和安全；此外，还可以有效减少人力成本和工人的劳动强度，从而做到全面提高企业的经济效益。综上所述，对于特种食品产业的生产制造，智能化发展是其未来发展的必然趋势。随着人工智能技术的不断发展和市场的具体需求不断萌发，目前比较常见的运用在食品产业的机器人不仅有食品智能生产机器人还有食品分级、分拣、清洗以及称重的机器人,还有去骨、切菜、烹调的机器人。机器人要能适应复杂的环境和任务,提高生产效率和连续性,满足特种食品的多样化需求。同时,机器人还要保证食品的质量和安全,避免污染和损耗。因此,特种食品产业需要不断推进机器人技术的创新和升级,实现智能化发展。中国市场的发展需要战略规划和改革行动。智能化生产制造是一个很有前景的发展方向,可以提高效率和质量,降低成本和污染。而为了让中国市场更加繁荣、强大、富裕,必须制定一定的战略规划,采取更加有力的改革措施,国家已经着力于推动生产制造业的发展,同时希望生产制造业的相关企业能够把智能化生产制造作为核心战略的突破口,通过自身产业转型与升级在世界上赢得一场胜利,引起国际市场的历史性变革。

特种食品工业是为全世界数十亿人提供食品和营养的重要部门。它包括农业、加工、分销、零售和餐饮等各种活动。不同地区和国家的食品行业发展状况各不相同,这取决于自然资源、技术、基础设施、政策和消费者偏好等因素。发达国家的食品工业比发展中国家更先进、更多样化。根据世界银行的数据,发达国家比发展中国家的农业生产率更高,收获后损失更低,价值链更高效,市场更具竞争力。发达国家也有更多的机会获得创新、研发、质量标准和法规,以加强其食品安全。

我国于2010年成为全球第一食品工业大国,完成了从实现食物自给自足到满足人们对高品质食品需求的目标跨越(李兆丰等,2022)。我国食品行业的发展形势复杂而充满活力,在经济转型、社会转型和全球一体化的背景下既面临挑战,也面临机遇。近年来,在人口增长、收入增长、城镇化、消费升级和市场开放等因素的推动下,中国食品行业保持了快速增长。根据官方数据,2021年,中国食品行业总收入约13.5万亿元,比2020年增长6%。食品行业约占中国国内生产总值的10%,雇用了约3 000万人。我国特种食品工业是一个庞大而重要的部门,为数亿人提供食品和营养。

随着世界进入第四次工业革命,政府为制造业的智能转型制定了方向和标准。这为提高食品行业的安全、质量和创新提供了新的解决方案。然而,中国特种食品机械行业在核心技术、研发创新、高端市场份额等方面仍落后于国外竞争对手。如果用机械取代人工的生产制造线,生产线就能够24小时不间断地运行,这将大大提升生产效率、优化制造成本,更有助于企业的可持续健康发展。与国外相比,中国的特种食品产业起步较晚。随着科技的进步和消费的升级,该行业面临着新的挑战和机遇。新产品、新设备、新技术不断涌现,加工方式更加多样化,不同需求和品牌快速增长。中国特种食品行业需要提高现有食品的健康价值,以中国传统饮食文化、科学和食品为媒介,创造食品,并使用天然健康的成分和功能物质来满足不同群体的不同需求。

智能制造在特种食品行业的应用,助推了中国特种食品行业升级。智能制造不仅提高了生产效率和产品质量,而且更有效地确保了食品安全。未来,我们可以更多地专注于特种食品原料预处理设备的自动化,如去皮、去核、切片、白灼、速冻等步骤。大多数智能工厂讨论都围绕离散制造展开,但现代智能传感技术也可用于改善特种食品行业的许多方面,特别是食品制造安全和跟踪与追溯。工业4.0和"智能制造"的概念近来备受关注,尤其是在离散制造方面。那些在特种食品行业工作的人——绝大多数是由批量生产过程驱动的——可能会发现很难看到这些技术如何帮助和改善他们的业务。这些现代技术可以在某些特定领域帮助现代食品制造商提高效率、市场份额和食品安全。向智能工厂转型时,很可能会出现常规流程和机器的中断和升级需求。虽然"智能制造"的概念似乎并不直观地适用于特种食品行业,但改善食品安全和生产质量以及提高客户参与度的机会意味着智能传感和智能制造技术应该受到重视。

3. 国内外特种食品数字孪生生产加工技术现状

机器人技术和自动化是工业 4.0 的主要推动因素之一,它们为在包括特种食品加工业在内的各个工业部门执行多项操作提供了许多机会。虽然最早开发的自主机器人旨在执行简单的重复性工作(作为第三次工业革命的重要发明),但最近的技术进步设计出能够执行高级任务和困难操作的更先进的机器人,从而导致提高生产力并减少劳动力和制造时间和成本。目前的工作中引入了食品加工 4.0 的概念,以探索如何以最佳方式利用这些技术使食品加工行业受益。食品加工 4.0 概念是指在当前现代数字时代加工食品,利用工业 4.0 技术提高食品质量和食品安全,同时降低食品加工成本和时间,节约能源和资源,减少食物损失和食物浪费。

随着时间的推移,特种食品加工方法正在不断发展,以满足可持续的食品安全和迫切需要的食品安全。在这种不断变化的情况下,数字化的作用正在迅速扩大,并引发了必要的变革,以智能和可持续的方式推进食品加工实践。各种数字技术正在彻底改变和打破从生产到消费的食物链障碍,尤其是在最大限度地减少食物损失和浪费方面。在未来的场景中,食品 3D 打印、图像处理、人工智能集成、机器学习、区块链和数字孪生等新技术将成为确保安全和可持续食品系统的关键要素。

在不久的将来,我们将看到,数字孪生技术通过数字线程与业务系统相互连接,企业将实际启动新的生产线。数字孪生技术能够实现智能生产,从而将增值的重点从生产转移到产品生命周期的其他方面,如产品开发。换言之,数字孪生能够在除了生产制造的其他方面创造价值,不仅仅局限于生产制造阶段。

4. 现阶段工业物联网智能生产技术现状

工业物联网是一个令人信服的平台,它将我们周围的不同传感器连接到互联网,为承认辉煌的生活提供了难以置信的机会。在当前情况下,它是一项快速发展的技术。几乎影响到社会的每一个先进领域。它不仅影响工作,而且影响个人和组织的生活方式。由于互联网的高可用性,连接成本正在降低,并且已经开发出具有 Wi-Fi 功能的更先进的系统。工业物联网技术(IIoT)通过互联网连接工业应用的各种设备,它正在成为未来的新趋势。IIoT 是支撑工业 4.0 在制造业应用和落地的核心技术体系之一。工业物联网从物联网的消费应用发展而来,将先进的 ICT 和运营技术(OT)集成到工业生产和自动化环境中,促进工业传感器、设备、生产线、系统等生产要素的互联互通。

特种食品安全可以受益于该技术的透明度、相对较低的交易成本和即时应用。区块链是以加密块的形式记录的分布式数据库,或者是所有交易或数字事件的公共分类账,这些交易或数字事件已在参与方之间执行和共享,并且可以在未来的任何时间进行验证。特种食品供应链中的所有利益相关者都可以向客户展示其方法和产品的卓越品质。在这种情况下,区块链可以通过提供一对多的数据集成和参与者之间关于透明度、效率和安全性的流程编排来简化这样一项具有挑战性的任务。总体而言,该行业将极大地受益于区块链技术和相关服务应用的发展，包括更安全地进行交易和存储数据。无论开发人员规模或所有区块链开发人员的经验如何，都必须从设计和开发活动中对安全威胁进行非常高水平的相对改进。在食品产业的背景下，信息和通信技术可以通过区块链基础设施进一步实施，以实现新的智能生产系统和电子生产计划。一方面，特种食品智能生产制造系统可以减轻管理员的工作压力，提高管理效率；另一方面，可以收集各种设备的反馈数据，帮助管理员做出更合理的决策，从而降低生产及消耗成本，做到更大化收益。

利用区块链技术，将食品制造和环境监测数据存储在分布式云中，实现了透明的数据收集，从而设计出安全可靠的可持续发展方案，使其在未来的管理中具有不可变性和去中心化。除了许多已知的技术和监管问题外，区块链技术的一些局限性在于系统为提供扩展的硬件计算能力和网络传输基础设施需求而支付的高额能源费用。区块链代表了发展最快的新兴技术之一，其目标是在给定的供应链中提供整体透明度，从而实现轻松安全的可追溯性、回溯、信息追踪。这对特种食品部门来说具有一定的附加值。随着网络安全威胁的不断升级，区块链授权已成为一种新兴技术和高度复杂的手段，其可有效实现对抗网络安全风险的重要目标，充分保护消费者信息和全球工业系统的完整性。许可区块链提供重要的网络安全功能，共享一些影响其他 IT 系统的相同 IT 风险，并具有独特的功能，需要监管机构和行业进一步评估。

5. 现阶段对于特种食品智能生产技术的需求现状

有疫情出现的时候，外出就餐让消费者心存顾虑；同时，在生活节奏放缓之时，让消费者重拾家庭生活思索"居家"的意义。因此，在家做饭成了大家热议的话题。然而，对于厨房新手而言，想做出美味佳肴并非易事：既要掌握烦琐的做菜步骤，又要保证菜肴的味道。

随着特种食品市场的扩大，复合调味品作为其中一种方便快捷的产品受到了公众和资本的青睐。据统计，近年来有超过 50 家企业进入了这一领域。然而，在快速发展背后也存在着诸多问题：由于原材料种类繁多且标准化程度低，运输和生产过程中容易出现食品安全隐患；由于生产标准不统一且工艺复杂，产品质量和风味难以保证；由于传统生产模式过度依赖人工操作，生产效率低下且存在安全隐患。为了应对这些挑战和困境，线下餐饮业开始寻求创新转型，并引入高新技术来提升产品水平和竞争力。越来越注重健康的消费者要求更好的食品质量，例如提高食品安全性、营养价值、新鲜度和风味。食品行业的加工商必须使用能够减少添加剂的加工技术，同时保持天然风味和食品质量，这促进了新兴非热加工智能技术的发展。根据我国食品工业长期发展规划，到2020 年方便食品制造业将以年均 30% 的速度增长，并达到千亿元规模。目前国内外已经采用了多种先进、新颖和首创性的加工技术来满足不同类型方便食品的需求。例如，在方便调味料生产中使用超微粉碎技术，可以将固形调味料加工成粒径极小、溶解性强、香味浓郁的超微粉。

智能化控制技术在食品机械生产制造中的应用，可以有效地利用长期运行中积累的海量数据，并通过自我学习和自我优化，使食品机械始终处于最佳状态（胡友春，2022）。这对于提高产量、延长寿命、防止故障都有着重要意义。

特种食品产业是我国食品工业发展的重要方向之一，它与我国国民经济水平的提升、人民生活质量的改善、家庭结构的变化、生活节奏的加速、休闲时间的扩大、娱乐方式的多样化、学习工作风格的创新等因素密切相关。在发达国家，生产制造业设备不断更新换代，高新技术如微胶囊技术、高效浓缩发酵技术、膜分离技术、微波技术、超高压技术、超微粉碎技术、膨化与挤压技术等在特种食品加工工业中广泛应用，并且持续升级。智能化机器人在食品生产制造中发挥着巨大作用，它们可以有效提高生产效率和质量，降低成本和能耗，保障食品安全和卫生。特种食品加工装备需求旺盛，利用现代高新技术改造传统食品产业已成大势所趋。据悉，我国大型食品企业使用的现代食品加工装备60%以上要靠进口，国产化高技术含量的食品生产制造装备急需技术水平全面提升。虽然，我国自主研发的特种食品装备在稳定性、可靠性、自动化程度、加工成品率、制造质量、柔性调控以及特种食品装备与工程数据化设计等方面仍与国外相比有较大差距，但技术开发能力和发展速度明显上升。特种食品制造技术依赖于食品装备的技术升级，特种食品装备的高技术改造和整体升级应成为我国特种食品产业科技创新发展的重点。随着全球化的发展，特种食品工业在国际市场上面临着更多的机遇和挑战。为了提升中国特种食品的竞争力和影响力，加强与其他国家和地区在产能、技术、资金等方面的合作是必要的。在"一带一路"倡议的指引下，中国特种食品企业应积极"走出去"，参与全球化产业链的布局，促进特种食品行业的高质量发展。

第二节　特种食品制造与生产智能化建设需求和目标研究

随着工业革命出现，食品加工业面临着其能量基质（从木材到煤炭和蒸汽）以及其生产模式（用手工生产取代工业化的大规模连续生产线和机械）的飞跃。通过生产活动显著提高生产率，刺激特种食品加工的新技术发展，自动化的最终目标是实现没有劳动力的过程自动化，这可以在没有大量劳动者的情况下降低公司的生产成本。事实上，随着全球冲突的加剧，特种食品工业迎来了一个新时代，加工食品承担了发展和不同的功能。智能专业生产是指智能感知、决策。专注于控制和执行的综合特点，结合食品生产的特点和技术瓶颈，专注于食品生产数据服务，研究并应用智能食品生产技术，实现食品智能设计、智能生产管理、智能生产设备等，实现全面的信息管理、自动化操作和智能解决方案的实施（图6.1）。

一、特种食品制造与生产智能化建设需求

随着营养和健康概念受到广泛传播，消费者们开始关注食品的潜在营养和健康价值。从长期发展来看，鼓励消费者选择更健康、更舒适的食物，提出一种解决健康问题的新策略：提高水果和蔬菜产品的营养和功能价值。作为"第四餐"或人类主食的替代品，特种食品"营养""健康"和"先进"应该是未来最重要的发展趋势。特别是低糖、低脂肪等的健康食物更受市场和消费者的欢迎，代表性食品是不含果蔬汁的食

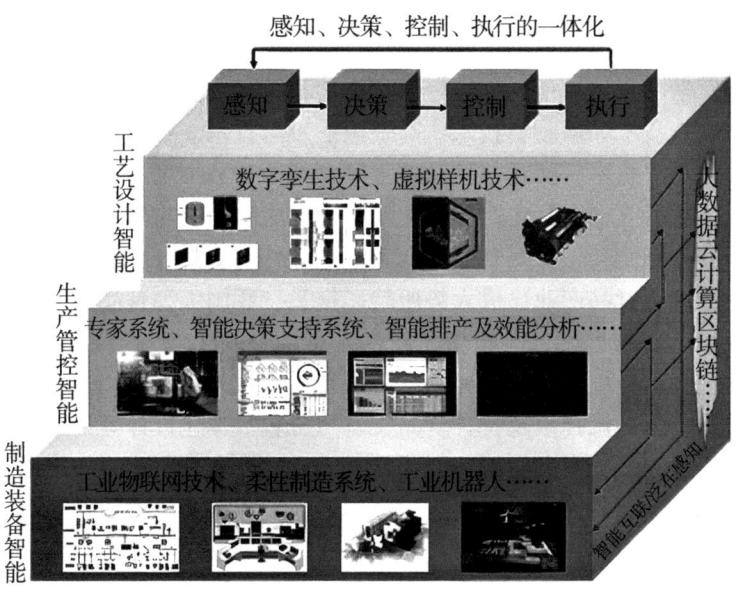

图 6.1 食品智能制造技术体系

品、散装食品和含糖食品。随着大量先进技术的使用，利用生物技术方法和实验制造食品的自动化机械系统可以取代人类劳动力。考虑到特种食品供应的新需求以及食品行业和生产的转型升级，新的技术无疑是特种食品行业现代化和创新的最大引擎。未来，在国家和地方政府的积极支持下，相关科研机构、大学和创新企业将重点开展食品特殊化学和生物量、食品特殊色香味形成机理的基础研究；形状和其他食品质量；特种食品加工的纠正和质量管理机制；食品特殊多功能成分的相互作用；评估特种食品营养和健康功能；特种食品与人类健康和疾病的关系，促使特种食品从简单的概念创新、品类创新、渠道创新向精准营养、个性化定制和绿色健康生产方面转变。

使用智能设备的生产操作可以显著提高特种食品生产线的生产效率，实现智能化和现代化。首先，广泛的智能制造机械设计要完全符合制造标准，所有过程都应按照食品行业的标准程序进行。在食品行业，使用智能设备可以快速解决问题，将新问题转化为问题列表，生成报告，并大大节省人力资源。此外，在实际生产中，需要全面分析智能技术如何提高设备运行水平，使机器更好地完成工作流程。基于对智能化技术的深入研究分析，并在特种食品生产制造领域加以合理应用，充分发挥现代智能化技术的巨大价值作用。生产通过对过程可靠性和新能源研究的投资，实现从批量到连续的改变，从而减少了废物，并通过利用工业废物再生能源。在新信息时代，智能化发展对于创新、开发产品具有积极、有效的价值和意义。结合市场功能的基本需求，借助各种技术手段便能够充分提高机械智能化程度。基于智能化生产制造的产品，能够充分满足当前的产品需求，存在极大的创新意义。加工食品部门的战略市场并不是基本的。开发新的产品差异化形式是必要的，最终导致了有关市场导向的发展，并支撑科学和加工技术。

产品设计是食品生产的基础，技术研发和优化是智能生产链设计和过程管理的关键要素。它为食品加工过程的精确控制提供了基础。从特种食品的结构来看，大多数特种食品都是复杂的多组分体系,作为一个多组分系统和多界面系统,其分子运动在宏观上具有结晶、离解、高反应性和高黏度的特点。

特种食品工厂的智能制造主要包括四个方面:智能制造、智能装备、智能能源管理和智能供应链管理。特种食品厂的智能制造主要包括信息、机械、知识、组合控制等功能要素,自动制定科学的生产计划。智能装备是指安装在生产设备上的传感器,可以实时收集数据,通过互联网传输数据,并实时监控生产本身。智能能源管理是最经济的方法。在此过程中,采用节能减排综合利用的智能系统结构,形成绿色产品的生命周期;智能供应链管理是将食品公司的成品库存与供应商的需求相结合,使成品库存最小化,降低库存风险,降低生产成本。

特种食品加工过程的一个重要方面是生产的可追溯性。为了实现生产的可追溯性,特别是为了促进过程的质量和可追溯性。有必要减少过程中操作员的使用,提高过程设备的智能化。这不是人工智能设备的使用,而是提高项目质量和可追溯性的可行性和准确性。

专业智能食品生产的核心是感知、分析、演示。将决策与控制和计算机化相结合的生产环节与消费者的需求有机地结合起来,实现网络上的个性化定制。特定消费需求的趋势的增长表明个性化消费的出现。专业的智能食品生产可以提高食品的效率、质量和安全性,同时降低成本和环境影响。人工智能和机器学习可以通过使用机器人、传感器、数据分析和其他技术,帮助优化安全营养食品的生产、加工和配送。这种新的消费模式将导致传统食品行业的生产和营销模式发生重大变化。

为了满足基于蛋白质工程等新生物技术的特种食品高效生物生产的新需求,合成生物学、基因加工、细胞工程、生物反应工程将成为特种食品生物工程的关键系统,其特点是充分和全面地利用为合成食品和新资源创造的资源。特种食品生物技术研究包括四个主要方面。

1. 酶技术

酶技术是一种大规模生产和应用酶制剂的技术。酶是一种生物催化剂,可以在不被消耗或改变的情况下加快化学反应。酶技术将酶学理论与化学工程相结合,研究酶并将其用于食品、精细化学品、制药、生物燃料和生物聚合物等各个工业部门,其可以提高产品的效率、质量和可持续性,同时降低成本和环境影响。

随着对酶制剂在特种食品工业中应用的研究不断深入,其应用领域也越来越广泛。新型酶的研究、开发和应用场景已成为酶技术研究的重点。通过利用酶的催化特性,可以对淀粉进行生物改性。例如,利用淀粉酶制造甘油结构技术可以增强淀粉的稳定性,既有可能取代传统化学改性淀粉,又有利于血糖稳定;利用酶催化聚合、转苷、异构等化学反应可以制造中长链结构脂、人乳替代脂、零反式脂肪酸塑性油脂等功能性油脂,有着广阔的发展前景。酶制剂可以提高植物蛋白的营养、感官和功能特性。例如,蛋白质谷氨酰胺酶可以改善大豆蛋白质的风味和溶解性;天冬酰胺酶可以减少植物蛋白中丙烯酰胺的形成;脯氨酸内肽酶可以改善无麸质食品中的植物蛋白;谷氨酰胺转氨酶可以改善植物蛋白的凝胶功能。这些酶可以支持特种食品工业的发展。

2. 发酵技术

发酵是开发新型特种食品所采用的不可或缺的重要加工技术。发酵技术利用微生物和其他细胞的代谢特性，利用现代生物学技术将生物质转化为目标产品，并利用发酵技术种植酵母或真菌，可以提供大规模、经济和可持续的替代蛋白质生产，作为一种新的蛋白质资源具有巨大的发展潜力。尽管大多数本地发酵工艺仍然在很大程度上依赖于不受控制的发酵技术（自发发酵和倒流），但需要使用发酵剂培养物（酵母、细菌和真菌）来确保一致性、保持卫生、提高质量并保证恒定的感官质量和成分。随着消费者对具有增强有益特性的产品的需求不断增加，发酵行业正不断探索选择、开发和使用这些发酵剂以改进工艺的方法。此外，工业发酵技术具有增强颗粒、低土壤含量的特点。通过低碳和环保，它已成为优化食品生产和改善生态系统氮循环的新方法。一些外国公司已经学会使用镰刀菌发酵来获得高纤维和低饱和脂肪的优质蛋白质。整个过程不包括动物成分。发酵技术不断发展，不断进步，可有效应对与传统食品发酵过程相关的挑战。

3. 代谢工程

代谢工程是在食品中建立微生物细胞工厂以合成食品成分的核心技术，主要利用基因重组对细胞代谢途径进行重组，改变其特性，属于基因工程的高级阶段，如在研究婴幼儿奶粉配方时就充分利用了代谢工程原理。为了研究母乳中低血糖等重要成分的生物合成途径，我们将构建和设计微生物中重要成分的代谢途径，构建目标产品的合成途径，优化基质运输系统，加强整体供应，并通过粗尿素的循环和动态调节，可以进一步优化目标产物的合成途径。最后，通过提高基质微生物和外源生物合成途径的适应性，可以提高菌株生产中目标产物的合成效率，并生物生产重要成分，如母乳葡萄糖、胶乳、磷脂酰氨基酸等。

4. 合成生物

合成生物学（Synthetic biology，SynBio）是一个多学科的科学领域，专注于生命系统和生物体，它应用工程原理开发新的生物部件、装置和系统，或重新设计自然界中现有的系统。合成生物学是一个科学分支，包含了来自各个学科的广泛方法，如生物技术、生物材料、基因工程、分子生物学和计算机科学。合成生物学旨在创造自然界中没有的新的生物功能和应用，或改进现有的功能和应用。由于它可以转化为功能性食品添加剂和营养化学品，因此它是"未来的特殊产品"，来自国外合成生物的食品添加剂和功能性成分已被欧盟和美国 FDA 列入名单。基于合成生物学的合成淀粉将彻底改变未来的农业和食品生产，并引领全球有机生产的发展。通过将合成生物学技术应用到特种食品中，有可能摆脱传统农牧业的弊端，同时提高资源转化效率。

二、特种食品制造与生产智能化目标建设

党的十九大报告提出，实施食品安全战略，食品产业健康发展作为我国最大的"民生产业"上升到国家战略高度。随着数字技术的发展，数字孪生（DT）技术作为将多学科、多物理和多尺度图像集成到虚拟空间中的数字手段，在物理模型、传感器更

新、运行历史等数据、工程设计等领域充分利用数字设计方法。在精密设备制造等未来特种食品生产领域，我们将利用数字合作技术建设虚拟食品车间和数字食品工厂，展示物理空间，促进物理和数字虚拟单元之间的双向动态数据交互，及时将食品加工和生产技术与网络空间的变化相结合来调整和优化生产参数，从而提高生产效率。

基于工业物联网技术，将具有捕获和监控功能的传感器和控制器集成到设备中，以实现设备的实时数据采集、智能分析、移动通信和智能转换。随着人工智能技术的发展，进一步研究具有多功能、自主规划、多轴连接和自主运动的新一代柔性食品生产系统。此外，柔性机器人可以由自主检测和柔性纳米导电材料制成，这些材料具有柔性、高灵活性、可变形性和能量吸收性，将高科技研究应用于其他行业和行业领域，促进技术创新，提高微胶囊化等深加工比例，利用超细粉碎技术、膨胀挤压技术等提高特种产业的科技协同创新水平，并建立国际合作与交流的平台。培养我国特种食品现代加工与绿色制造、特种食品品质质量与营养健康、特种食品工程装备等领域的科技创新人才和团队。另外，增强企业的创新能力，加快建设企业创新中心（基地）和国家重点实验室、国家工程中心等产业创新平台。

自动化是当今世界上最先进的技术之一。通过在整个生产过程中使用自动化，可以提高效率并显著减少工作量。应用食品设备自动控制技术建立严格的操作流程的实际效果非常明显，为我国经济发展和科技进步作出了贡献。用于分层加工的尖端机械和设备可以帮助提高整个公司的生产效率。

与传统的机械设计相比，机械自动化是先进的、科学的。随着技术的进步，机械工程和设备自动化可以将不同的设计方法与信息技术有机结合，充分利用不同的设计方式，科学地提高机械产品的质量和生产率。食品机械设计和自动控制的关键是在食品工业中充分利用自动化技术。在食品机械的设计和自动控制中引入了各种高科技技术，促进了整个行业的自动化，提高了设备的效率和质量，并提高了设备精度。采用计算机和网络技术。在日常工作中，只要将控制命令输入计算机，就可以实现生产的有效合理化，保证所有设备的正常运行，避免安全问题，提高设备的生产水平。

1. 提升自动化控制水平

自动化有助于提高效率、可扩展性和质量控制。智能建模是一项非常重要的技术，它根据实际生产情况将计算机系统的建模与控制有机地联系起来。其次，仿真平台由计算机构建，以确保控制器与外部环境之间的数据交换。注册器准确地计算输入和输出数据。使用正确的自动化系统和食品加工设备，可以更轻松地更早地注意到供应或生产过程中的问题。

2. 将生产制造模块化

基于机械制造和自动控制，生产了许多产品，产品质量也有很大不同。因此，有必要在更高水平上改进机械和自动化设备的研发。

3. 不断改革创新

由于食品安全法规明确规定食品的供应链路径必须透明，所以商家必须遵守相关规定。在这方面，食品生产中的人工智能有助于监控整个供应链过程。价格预测、生产流程优化、库存管理和物流管理都由人工智能辅助。人工智能有助于确定特定作物的生长地。中国食品机械自动化的发展相对缓慢，但并未阻碍工业发展的整体动力。因此，在具体的生产实践中，我们拥有国际先进的加工生产技术、现代化的生产管理理念、科学合理的管理体系、技术手段和人员配置体系；要积极接受、学习和改进食品加工服务，食品设备的设计和应用必须因地制宜，考虑技术差异，正确使用和管理相关技术，科学发展。在实践中，相关研究人员应根据机器的运行情况科学适当地进行机械的标准化，通过制定机械设备管理计划，可以大大提高机器的运行效率。作为责任部门，要建立健全生产流程，制定一系列合理、科学、规范的生产制度，积极鼓励相关员工参与工作，做好项目创新。有效实现剩余权利，确保食品机械工程健康协调发展。在开发自动化技术时，技术人员应制定计划，以降低机械和设备的安全风险，提高工作效率。

4. 与生产实际相对应

对食品制造的干预规模将越来越接近于关键的结构元素。挑战是将微观尺度上的现象与产品和属性联系起来。然而，除了开发新的产品和工艺之外，重要的是要考虑到建立当代食品制造环境的必要性，当代食品制造背景的复杂性更加具有挑战性。除非新技术得到广泛应用，否则其产业发展将受到一定程度的限制，这将对整个产业的发展产生重大影响。满足消费者的新需求依赖于特种食品加工业在其经营的价值链中的重新定位，这与对加工技术的持续投资的必要性相一致。在特种食品行业，我们必须加强自动化研究，开发新的实用技术，并根据需要进行调整。在此基础上，我们必须根据实际生产情况进行调整。我们应该选择一种设备和技术，并鼓励其正确使用。但仅仅应用技术是不够的。相关人员必须不断监督工厂的维护和优化，使机械自动化技术能够不断提高公司的效率并降低人工成本。机械自动化技术适应了中国机械制造业的发展趋势，为未来的发展奠定了坚实的基础。

未来健康食品制造的目标之一是通过精确控制饮食营养成分，为他人提供个性化的饮食。食品加工的改善有助于缓解营养不足和营养不良的问题，同时减少粮食浪费，更好地确保充足的粮食供应。一些大型外国公司利用个人差异数据为不同饮食习惯和健康状况的消费者提供营养建议和个性化菜单包。近年来，一些中国小吃也重视食品的各种个性化需求和营养功能。通过运用特殊的生产工艺，提取养分的同时能够浓缩功能成分，以提高功能元素的生物利用度。精准营养的目的是将食物中的天然功能因子与人体的特殊营养需求相连接，使特种休闲食品更加方便和健康，从而提高人体免疫力，帮助维持人体健康状态。随着中国食品科学技术的不断提高，许多新的高科技技术被广泛应用于零食食品行业，并不断推动行业的技术创新和转型升级。智能机器人等新元素推动传统制造业智能化转型升级，以产品、企业、产业为主体，具体如图所示（图6.2）。

特种休闲食品是一种特殊的食物类别。由于行业市场竞争激烈，特种休闲产品的替代速度更快，更应关注产品的颜色和气味等感官质量。例如，超高压灭菌技术有助于完美灭菌和食品中天然成分的保存；NFC保鲜技术可以有效地保存新鲜水果和蔬菜的风味；真空冷冻干燥能够有效地保留食品的生物活性物质、风味。产品吃起来酥脆，补水效果很好。所以，为了适应食品产业的新需求和食品加工制造业的转型升级，科技是特种休闲食品产业创新升级的最大动力。迫切需要科技发展与特种食品加工行业经营的社会动态交织在一起。这让该行业有机会在兼顾环境属性的同时区分其产品。

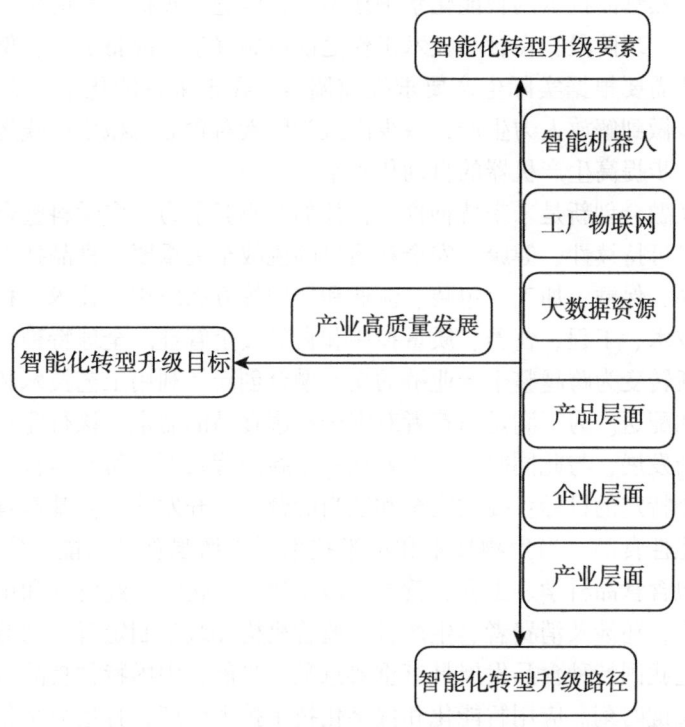

图 6.2 传统制造业智能化转型升级的三维分析模型

第三节 特种食品制造与生产智能化建设建议

智能控制技术在中国特种食品行业的应用相对简单。虽然它可以为机器的效率和质量提供可靠的帮助，但不能充分发挥智能控制技术的作用。控制技术在特种食品机械制造中的应用对公司的规模和财务能力具有重要意义。各种现代先进技术在食品技术生产中的集中应用将直接推动食品技术的智能自动化水平，不同技术的有效融合将使我们更好地了解过去形成的大量数据和信息。对食品机械生产数据进行有针对性的处理和集中处理，可以大大提高生产效率。

加强食品专业化与农业、工业、旅游、金融等行业的融合，包括高科技制造业、旅游业、电子商务。参与文化创意等农业生产性服务业；其他产业注重促进食品产业发展，形成以食品产业为核心的综合产业链，形成一两个产业的联合发展体系，促进食品资源的充分利用；调整和优化产业结构、产业链，扩大和提高产业附加值；以食品产业集群为基础，深化产教融合，实现师生联合培养；致力于将技术优势和创新能力转化为现实生产力，发展特种食品产业，大力引导各类龙头企业，制定培育计划和制度，对特种食品公司给予优惠政策，特别是国家和省级农业和工业企业的转型和发展。中小企业和小投资者以产品质量和标准为导向，鼓励生产与创新。

智能控制技术的发展解决了人工控制能力不足和精度低的问题，以在不久的将来取代人工控制。虽然食品技术的智能化水平还不够,但进一步提高智能化水平是目前食品技术研究的重点。现阶段,在食品技术工作之前应做好生产准备工作,例如,设备位置和智能控制参数需要根据实际生产要求提前调整。在未来智能化水平有效提升的情况下,可以进一步做到解放人力生产,减少因人为因素对食品机械生产线运行产生的负面影响,做到进一步提高生产机器的自动化水平。

多学科交叉融合创新是未来特种食品科技的核心竞争力。多学科整合和创新对于特种食品行业应对可持续性、健康、安全和质量的挑战至关重要。食品技术是食品科学在安全食品的选择、保藏、加工、包装、流通和使用等方面应用的技术。相关领域包括分析化学、生物技术、工程、营养、质量控制和食品安全管理。全球特种食品科技创新已经从单阶段创新转变为跨越整个产业链的交叉融合创新。利用工艺技术和大数据优化食品生产、加工和配送。为了满足消费者对安全健康食品的需求,该行业和与之有关的科学知识都在不断发展,与此同时,由于处在一个新的背景下,所有与食品有关的分支机构都必须有一个特定的目标:提供安全和适当的营养。开发除提供基本营养外还能提供健康益处的功能性食品。当生物技术和纳米技术用于增强食品功能、安全和质量方面时,它们不仅包含食品科学、工程、营养、微生物学、化学、经济学和市场营销等不同学科之间的合作,还涉及消费者、生产者、监管机构和政策制定者等利益攸关方。食品智能制造对促进我国特种食品发展具有重要意义。当前,中国特种食品行业正处于转型和价值提升的关键时刻。应用智能化和数字化技术扩大生产,打造数字化供应链,增强产业链和价值链,已成为引领整个行业向更高方向发展的关键动力。此外,智能制造在食品行业的推广也带动了特种食品行业的高质量发展。从手工制品和装配线,到大规模生产和高科技系统,食品制造业不断寻求更快、更有效的方法来满足消费者的需求。

一、政府及相关部门方面

1. 政府应加大政策扶持

建立产业投融资体系,支持税收、金融和行政优惠政策,支持企业拓展融资渠道,引进创新金融服务,参与招商引资。支持农民和企业的发展。制定灵活的人才获取和支持方法,公司开展项目合作,鼓励通过技术推广和兼职创新引进高素质人才,将会使企业服务体系上更完善,商业环境更良好更和谐,同时为食品产业提供智库平台。在市场营销上进行进一步强化,管理上逐步健全,流通体系上改进完善。政府部门要转变职能,加强宏观管理和服务,推进相关产业和标准化体系建设,采取切实有力的政策措施,按照国际惯例,加强知识产权保护,建立起良好的市场经济秩序和政策条件,为推动产业、科技发展提供良好的外部社会环境和服务。守牢食品安全底线,相关部门需要做到严防死守,执法鲜明,严阵以待,制定相关制度规范品牌使用和市场出入问题,使市场环境更绿色健康。可以为传统特种食品制定专门规定,弥补现代食品标准不适用的不足。

特种食品行业的智能化发展是一个包含多层次、多学科的升级改造过程。不仅要加强高新技术和工业化的研发,还要将高新技术改造与传统产业现代化相结合,努力提高产业竞争力，实现产业技术的匹配；要加强支持和整合，制定完善的科研计划，为科技创新创造新机遇；做好各阶段技术对接，加强技术匹配、支撑和融合；立足国内外市场和未来发展，研究制定产业技术政策，优化科技资源，从环境控制技术、种养殖技术、产业开发技术、加工包装技术、营销管理技术等环节为产业发展提供有力的科技支撑。

特种食品制造企业并非孤军奋战。政府将与他们一起创造世界上的许多奇迹。事实上，制造业企业往往有足够的心态去面对一些问题，然后需要政府的帮助来为他们创造条件。在"政府+企业"的发展模式下，政府与企业共同呼吸，相互联系。如果企业缺乏发展资源，政府将设立专门的资源来帮助他们克服困难。当企业遇到增长障碍时，政府将帮助清理。

通过政府建设基础性公共服务平台，统筹科研院所、质检机构等的大型硬件设备，实现入网共享，优化配置食品加工高新技术公共平台资源。对公益性强的大型科技基础设施，由政府财政投入为主，并按照政府购置公共服务方式进行。在公共平台运行的维持上，实施财政投入、立项补助和市场化运行相结合的方式。根据食品技术平台运行的实际情况，提高平台运营效率和财务投入；在封闭的技术升级周期中，根据公司需求选择最佳解决方案，考虑并创建支持企业自主升级的项目，并基于测试市场的实际运行和技术研发价值开展平台效益试点，实现技术公平和生产力转化；探索利益共享新机制，实施服务创新政策。提高知识价值，培养食品行业的创新人才。向相关机构缴纳一定比例的公司税；利用专利以及政策的相关支持信息向企业提供意见清单等，从而缩小企业与金融机构之间的差距，消除资金瓶颈。

在日常的管理上，实施理事会领导下的主任负责制，由政府机关、科技部门、质检机构和科研院所等单位的主要负责人组成理事会，推举食品加工高新技术公共平台主任。开展制度化、标准化管理，实现管理方式的智能网络化和掌上移动化；针对协同联动下的服务模式，创新专业设备管理模式，实施自管、共管、托管和租管模式，保证平台正常运行。

2. 政府规则及制度

在我国，由于国家通过制度建设支持科技创新和绩效转型，新技术的应用和商业化也挑战了政府的监管干预，纠正了市场失灵。作为一种国家控制行为，国家监管直接干预个体市场参与者的行为，纠正了信息不对称和外部性等市场失灵。通过奖励、抽查、事后处罚等监管手段，确保市场参与者在追求利润和其他私利的同时，不损害产品质量、有序竞争等。

作为政府与市场的互动，国家监管视情况而定。科学技术的发展及其商业应用继续影响着监督的目标和方法。在监管的发展过程中，食品和药品安全体系被视为从经济监管向社会监管的过渡期，科技创新的收益和风险也随之显现，预防和控制技术风险，通过技术投资支持技术创新。

根据专业分工，国家监督管理机构必须在机构内外专家的帮助下，审查和评估科学知识状况，在其权限范围内确认协议范围，并根据适用法律的要求解决不确定的证据问题。

二、相关企业方面

要重视特种食品行业的科技投入，进一步提高从业人员的专业知识和技能，为特种食品行业发展提供科学支撑，通过引进专业食品生产的先进技术和管理经验，邀请专业技术人员进行培训，并成立专家组解决核心问题。对特种食品进行加工制造的有关器材设备生产企业一般是小规模的。这种半自动的机械产品大都是小成本、结构流程简单便利、技术要求低，许多公司重复生产这种产品，然而对于那些对技术要求更高，甚至是还处在初级研发阶段的新兴技术，这些公司却仅仅只是模仿制造，而缺乏创新。这种现象反映了当前该行业的整体水平，导致了生产标准日渐降低，技术缺乏进步，行业发展停滞不前。因此，应增加对特种食品加工设备研发的投资，增加工业通用、关键和前瞻性技术和新材料。我们应重点开发新技术组合，增加新工艺和新的特种食品加工装备，并整合加工设备；促进智能化和计算机化，有效提高我国特种食品加工设备水平，推动传统工业技术升级，以适应特种食品加工行业快速发展的需要。

基于智能技术，企业应统一管理所掌握的资源，更合理地分配相关资源，分析工作任务和工作目标，具体落实员工的工作任务，进一步提高决策协调效率。企业级智能并不代表工业智能，从工业智能到所有相关的智能制造公司，它们还需要连接起来，以形成一个符合信息交流、商业合作和产业集聚要求的新的工业智能生态系统。从纵、横两方面构建全新的工业生态系统。首先，基于平台核心制造公司的垂直工业智能生态系统。对新产业体系而言，平台核心智造企业通过一个叫工业云的平台将上下游相关产业串联起来，形成相互合作、互通有无的共生产业系统。从横向上看，制造企业与商业对手进行合作共赢，以实现行业并购或者是产业联盟。将产业核心及优势企业的重要性发挥得淋漓尽致，同时有助于将新兴技术优化升级的经验进行推广并发扬，带动更多的关联企业进行智能化转型升级，进而提升整个产业生态的智能化水平。

资金投入是推进科技研究开发的重要措施。在强调以企业为投入主体的同时，政府财政和各项科技计划要加大对特种食品产业科技投入引导力度；同时，要充分发挥市场机制，积极引进风险投资和战略资本，加大对科技的投入。相关产业竞争力升级，科技的相关配套设施进一步强化，制定产业发展科技政策。要围绕产业发展和企业产品开发，以企业为主体，牢牢把握高校高水平科研人才、技术优势，加强产学研结合，建立保健食品产业的科技创新体系。建立完善的运行机制，建立与技术、人才、产权之间的联系，并考虑资本等多种因素，进行更合理化的收入分配，充分调动各方积极性，促进成果的应用和推广以及工业化进程。食品加工在工业化上来说是一个连续性环节，包括生产、加工等多个步骤，基于此原因，在食品的材料、加工、管理等流程上具有更高的要求。运动控制系统通过传感器和其他手段分发后，可以跟踪相同食物和材料的运动。技术人员可以根据食物的具体变化或自动控制系统的预设条件来控制和分类食物。在确保食品生产和加工质量的同时，可以准确控制生产过程，以确保食品的质量和价格。

食品行业是一个传统行业。特种食品行业是在食品行业的基础上发展的，只有通过智能化转型，特种食品行业才能得到更全面更智能化的发展，而生产质量上也能得到更全面智能的提升。同时,这也是中国食品产业发展以及现代化转型计划中举足轻重的一步。在生产的效率水平及服务质量上都能实现质的飞跃,也有力保障了食品安全。因此,未进行智能化转型升级的食品公司,应立足公司发展规律,结合公司实际,从传统的机械化、自动化转为智能化,主要包括以下方面:

(1) 人工的生产方式应该被摒弃,用机械代替人工,实现更快捷方便,同时也更符合食品生产需求。

(2) 充分利用现代化技术,实现自动化生产。当前我国的食品生产、加工等技术已发展得非常成熟完备,达到了实际应用的标准。各相关产业应充分利用现有技术,为智能化发展添砖加瓦。

(3) 数字化生产。当前,生活的方方面面都离不开数字化、科技化。因此,当数字化技术应用到食品行业中时,可以使生产过程更精确可控,信息数据的获取更准确。

(4) 智能化生产。充分利用物联网、云计算等技术,发展研发、制造、管理、物流等数据链路,在技术上实现互联,实现智能制造。

智能化和自动化在食品发展中至关重要。二者紧密相连,缺一不可,互赢共生。其中智能化的发展进一步提升了自动化的水平,而且在很大程度上依赖于自动化。食品加工高科技平台依托技术改造公司、食品质量检验机构、科研机构和相关政府管理部门,以技术为要素,完善结构;食品质量检验机构对食品企业的生产流程、质量等进行全面的检测把关,并将具有质量问题的设备向科研机构进行返还处理,技术上加强研发升级。有关政府针对平台的实际运营情况以及建设需求提供相应的财政支持。平台服务模式针对科研实验与现实实际分离的问题进行研究解决,形成"产品、工艺问题—项目立项—研究开发—成果转化—技术指导—专业培训—全程跟踪—示范推广"的创新科技成果转化模式。在技术层面的服务上,优先解决影响食品产业的关键共性技术,强化技术在产业内企业单元的应用,针对大宗食用农产品的深加工和高效高值化利用,系统开展地区粮油食品、畜禽食品、果蔬食品、发酵食品及水产食品前沿关键技术,实现大宗产品的减损增值和高效利用;逐步提供多元化定制服务,根据地区原料特点及产业布局,重点开展特种休闲食品、风味食品、功能保健食品以及特种资源食品等便捷化、营养化和工程化新型食品机制,构建全新标准体系,推行绿色制造和低碳化技术开发。通过培训、讲座等多种方式的组织形式,解读行业规范、产业趋势和政府新政,提升食品企业尤其是中小企业的专业化认知程度。强化部门协助,营造良好商业环境,健全机制,宣传力度进一步加大,解决问题、处理诉求,追求实际效益,促进食品加工产业蓬勃发展。

三、其他方面

食品技术是任何改善食品生产、分销和供应的技术,它会影响销售、生产和分销食品的方式。尽管这个词听起来很新,但自18世纪60年代工业革命发生以来,技术和食品就已经联系在一起了。这一时期导致了工业化农业的出现,并为农业制定了标准。在此期间,行业领导者和发明家共同努力,帮助提高食品产量和质量。主要的发展包括人造肥料的使用、杀虫剂的发明、电力的发展，以及马力和蒸汽动力机器的出现。但在过去几年中，随着大数据、人工智能和物联网的兴起，食品科技已成为一个独立的行业。食品技术通过在所有阶段使用物联网帮助食品行业更具可持续性。从美国工业互联网、德国工业4.0和中国工业化的融合战略以及智能生产、个性化适应和网络化合作的实际模式出发，将呈现传统制造企业生产经营过程中产生的大量信息、图像和噪声等数据，经过分析处理后，结合具体的业务应用场景。美国之所以在当今全球食品市场上占据主导地位，是因为其自身实施的合理化战略以及其周边地区的低水平发展加强了其市场的生产能力，而不仅仅是食品质量。

假如没有有效大量收集到实时数据，工业互联网云平台将会无法开展具体工作，传统的制造业的支撑企业转型升级为智能化企业也将要成空，而大量实时数据的获取主要依靠工厂所构成的物联网来进行收集。

中国是农业大国，出于保证粮食增产的目的，一直以来对化学产品，包括农药化肥等的使用都有些过度，因此对环境污染以及安全问题的解决都迫在眉睫。通过对具体情况的分析，各级相关部门应响应国家政策号召，进行相关措施的制定，实现科学发展、绿色发展、可持续发展。

综上所述，计算机智能化技术的不断发展为特种食品行业提高制造生产效率、改善产品质量、降低生产成本、提高食品安全性等方面作出了巨大的贡献。在计算机智能化数据采集的基础上，特种食品生产人员通过使用对用户友好交互的智能管理界面，对生产过程的各个部分进行智能化、自动化的管理、控制和监控，提升生产效率及控制生产风险。食品科学是对食品的物理、生物和化学构成的研究。

随着时间线的发展，世界已逐步跨入工业互联网大时代，"中国制造2025"的实施，人工智能技术在特种食品产业中的应用将更加普及。需要加强对计算机智能化技术的研究与推广，为中国特种食品工业向智能化发展提供强大动力，同时为推动民族食品工业发展提供基础的技术支撑（吴燕燕等，2018）。在特种食品工业技术革新的过程中，智能化控制技术的应用对于提升特种食品机械的可靠性、生产能力作出了重要的贡献。食品行业往往不适应技术，仍然可以靠自己生存。然而，由于食品生产和加工部门的竞争加剧，这项技术有助于在严格的成本范围内更快、更完美地进行分销、包装和测试。人工参与较少，更多地使用机器人机制以及数据处理实践，这有效地保证了食品质量的任何错误或损害，并为其客户树立了食品安全的规范。

食品行业瞬息万变，自动化可帮助食品企业更灵活、更适应新变化。把先进的自动化和智能化技术应用到机器设计、制造和生产，可以提升机器的生产效率，推动特种食品制造企业的持续发展（孟莉，2022）。在我们谈论食物的质量之前，任何可食用且有营养的食物都必须至少有生存的理由。特种食品行业的作用是从农民和当地居民那里收集原材料，然后提炼、加工和包装成适合顾客食用的食品。此外，保证产品的质量稳定是一个至关重要的问题，也是任何食品加工行业最重视的因素。如果顾客对一种特定的食品，或者甚至是对原材料进行投资，这很可能反映出买卖双方谈判时需要进行定性或定量决策。偶尔买卖双方达成共识，对所提供的产品进行标准化评估，以推广专业化的非系统性原则。特种食品行业正在采用更便宜、更精确的测试来挑战人类行为的多样性，从而在进行食品质量检查时避免出现重复的错误。那些食品制造和食品加工等企业，以前将人工智能和机器学习技术标记为不必要的投资，但很快意识到它们在通过战略增长和改善自身业务方面的重要性。企业们将会明白是否能生存取决于在竞争激烈的市场中的地位，因为只有那些承诺提供优质快速服务的企业才能接受服务。为了留在这个行业，每个员工都必须采用先进的设备，以最大限度地减少重复错误和有限产品的浪费，实现低成本的交付、运输、即时服务，采用可访问的无线通信系统，并产生令人满意的结果和客户。

特种食品制造业向数字化、智能化转型是发展必行趋势，也必将是特种食品制造业持续高质量发展以及迎来新一轮大的增长点的关键突破口。过去几年，随着数据量的增加、计算机资源的增长以及学习算法的改进，人工智能再次迎来了一个新的开始。虽然这不是一个更新的概念，但对于特种食品行业来说，这是一个令人耳目一新的策略。如果不使用机器学习，人工智能很可能无法帮助食品制造业进行持续的高质量发展。在共同努力下，人工智能和机器学习今天被用来解决特种食品加工过程中的工业问题，如自回归移动平均值（ARMA）。这些行业的主要问题是需要准确的时间预测，通过使用激进的算法和强大的向量机来预测食品销售，使生产更加有条不紊和模块化。

第七章
特种食品流通与销售信息化建设

第一节 特种食品流通与销售信息化需求和目标

制造与生产智能化改进离不开流通与销售的信息化改造,这两个阶段是相互衔接、承上启下的整体。在产业制造化改进阶段,通过引进新的技术、生产设备、产业线、生产工艺等,改善生产效率和产品质量水平;而在信息化改进阶段,企业通过信息技术的应用,实现销售、物流等全过程的数字化、网络化,从而提高整个产业的运行效率和市场竞争力。因此,应该在智能化改进制造与生产的基础上,进一步推动流通与销售信息化改善,从而促使企业不断提升核心竞争力,实现可持续发展。

一、特种食品流通与销售信息化现状

(一)信息化成本管理结构不完善

虽然一些特种食品企业设置了专门的流通和销售财务管理领域的职位,传统的成本管理模式可能意味着特种食品企业在物流管理方面没有充分采用现代化的信息技术和工具,这可能导致特种食品行业在运输、仓储和过程管理方面面临一些挑战。因此,特种食品行业需要意识到信息化的重要性,并逐步采用现代化的信息技术和工具来提高物流管理效率和质量控制水平。这将有助于解决传统成本管理模式所带来的挑战,并促使行业向更高水平的信息化发展。实际上,流通销售工作涉及面较大,由此带来的问题是,成本管理环节逐渐变得烦琐,且容易出现问题。一些特种食品生产企业尽管引进了现代化的配送和销售成本管理设备和制度,但在物资验收、配送以及仓储管理方面仍存在缺陷。每个环节都需要人力协助,信息结构不完善,影响了工作效率。流通销售人员对企业资源计划(Enterprise Resource Planning,ERP)流通销售数据接触不足,普遍无数据可跟踪,成本差异大等,在一定程度上阻碍了特种食品生产企业流通销售信息化的整体进程。在未能实现统一的信息管理方面,信息结构存在漏洞。

目前,随着电子商务、物流商业和信息技术的持续发展,我国特种食品流通和销售经济进入了一个全新的发展阶段。这一阶段不仅为特种食品流通和销售经济的信息化管理提供了更多机遇,而且也为其带来了更加广阔的发展前景。但是,因为现阶段特种食品流通和销售企业的经济信息化管理意识相对较弱,主要原因在于特种食品流通和销售经济信息管理系统尚未完善,这给企业的各项工作带来了负面影响。此外,许多中小型

特种食品流通和销售企业的管理层普遍关注个人经济利益，在特种食品流通和销售过程中缺乏完整的信息化管理意识，无法建立健全的特种食品流通和销售信息化管理体系，从而影响了整个信息化管理过程，对信息化管理工作造成了许多阻碍。

（二）管理人员专业素质较低

现阶段，越来越多的特种食品生产企业不重视提升流通销售部门人员的综合素质，就会有很多的问题出现。在这个过程中，财务知识和成本控制能力对于有效管理和优化销售活动至关重要。具备财务知识的员工能够理解和分析销售数据，了解销售成本、毛利润和利润率等财务指标。他们可以根据销售数据和财务信息，评估产品销售的盈利能力，制定定价策略和销售目标。同时，他们还能够预测销售趋势和需求变化，为企业的库存管理和供应链决策提供参考。结合专业知识和技能，进行多方位、多维度的分析和处理。但在一些生产特种食品的企业中，流通销售人员对日常流通销售环节不熟悉，成本控制意识不强，在实施流通销售的过程中，所选择的流通销售方式并不适合特种食品企业自身的生产，无形中增加了特种食品企业的生产成本，对后续成本的处理形成了障碍。流通销售人员专业素质不高，也会在一定程度上导致特种食品供应商的选择出现问题，更容易出现串通、互相包庇、滋生腐败等行为，进一步增加了特种食品生产企业的流通销售成本问题，无法保证日常工作的推进，造成更严重的负面影响。

随着特种食品的运输和信息技术的快速发展，特种食品流通和销售在我国现代实体经济中扮演着重要的角色。在各行各业中，信息化管理已经成为现代化企业经营管理的主要趋势。尤其在特种食品流通和销售经济的规划和发展中，随着时间的推移，人们对各种信息数据的保存和分析需求越来越大，这已经成为该领域发展的一种普遍现象，对整个特种食品流通和销售经济的信息化管理工作产生了深远的影响。同时，信息技术的快速发展为现代化特种食品流通和销售经济管理模式提供了强有力的支持。值得关注的是，特种食品流通和销售经济的信息化管理在现阶段已经不再是简单的信息储存过程，而是通过有效地将各个环节联系起来，实现了信息的共享和协同。这不仅提高了企业的运作效率和质量，还为企业未来的发展奠定了坚实的基础。因此，特种食品流通和销售企业应当增强信息化管理的意识和能力，积极采用先进的信息技术和管理模式，优化企业的运作流程和管理体系，以满足信息化时代的发展需求。由于特种食品流通和销售经济中的信息化管理平台不健全，信息化管理应用还不够充分，各环节之间的信息共享也不够有效，这直接影响到特种食品流通和销售经济的财务信息和安全控制。

随着电子商务和特种食品交通运输行业的迅速发展，特种食品流通和销售业务也迅速增长，并呈现出密集化的趋势。然而，在特种食品流通和销售过程中，工作人员的背景和素质存在差异，包括教育程度、经历和技能水平等方面的差异，这给特种食品流通和销售经济的信息化管理带来了不小的挑战。特种食品流通和销售工作人员的素质和能力直接关系到整个行业的发展和竞争力。由于信息化管理涉及数据处理和技术应用等方面的知识，这些工作人员缺乏深入了解信息化管理内容的机会，导致信息化管理在特种食品流通和销售行业中的应用程度不够充分，也限制了行业的发展。因此，特种食品流通和销售企业应当重视员工素质和能力的培养，为其提供丰富的信息化管理培训和教育机会，以提升员工对信息化管理的认知和理解。同时，还应进一步完善信息化管理体系，提升信息系统的智能化水平，以更好地满足特种食品流通和销售经济的发展需求。这样，才能推动特种食品流通和销售经济的信息化管理水平不断提升，促进整个行业的健康发展。同时，由于管理模式的限制，一些潜力较大的人才无法参与特种食品流通和销售经济信息化管理领域。这种情况不仅对企业信息化管理的发展产生负面影响，还会直接影响特种食品流通和销售经济信息化管理系统的实施和推广，导致整个信息化管理系统的滞后现象。改善这一情况，有助于拓展人才队伍，推动特种食品流通和销售经济的信息化管理迈上新台阶。

（三）不重视特种食品供应商审核考评

一般情况下，对特种食品供应商的检查和评价，直接影响到生产特种食品企业的流通和销售成本的管理效果。事实上，大多数特种食品生产企业在流通和销售过程中往往更注重特种食品供应商提供的特种食品的质量和价格，而不重视对特种食品供应商的审核和管理。特种食品生产企业在与特种食品供应商进行合作时，尚未建立一套明确的供应商审核和评价机制。这可能导致企业无法全面评估供应商的能力和适合性，从而增加了潜在的风险和不确定性。建议企业考虑制定相关的考核评价机制，以确保与供应商的合作能够符合企业的质量标准和业务需求，并提升供应链的效率和可靠性。另外，对流通、销售部门的管理和评价不够重视，在实际合作中，缺乏全面、有效的监督和管理。特种食品的流通和销售过程中，缺乏对成本数据和信息的全面汇总和整合，导致后期成本核算工作变得繁琐。此外，对特种食品供应商的日常跟踪审核不够积极，对其评价也缺乏深入的分析和评估。长期与表现较差的特种食品供应商合作，也是成本增加的重要原因之一。针对这些问题，需要加强特种食品流通和销售环节的监督和管理，确保数据的全面汇总和整合，以便更好地进行成本核算和管理。同时，需要对特种食品供应商进行更为深入的跟踪审核和评估，确保与优质的供应商建立长期合作关系，避免因为合作对象的问题导致成本增加。

（四）成本管理模式过于单一

通常，流通销售成本管理包括以下几个阶段：确定流通销售项目、预测价格、总结成本以及核算成本比较。然而，一些特种食品生产企业的管理模式过于简单和僵化，无法有效地实施这些流通销售成本管理环节，对特种食品生产企业的成本控制效果不明显。单一的控制形式不适应特种食品生产企业的复杂情况，也无法保障成本核算结果的准确性和可靠性，从而导致成本计算误差的问题。尽管特种食品产品已经根据资质、规模和质量等方面进行分类管理，但整体的管理环节并不完善。这可能导致信息化管理在特种食品流通和销售经济中的应用受到限制，影响企业在信息化管理方面的优化和提升。因此，有必要在特种食品流通和销售经济中探索更加灵活和适应性强的管理模式，以更好地满足特种食品企业的实际需求，并提升整体的信息化管理水平。目前特种食品生产企业仅采用简单的成本核算方法。例如，企业可能需要优化数据收集和管理流程，否则对流通销售成本的管理产生负面影响。考虑采用更高效的信息系统和工具，以便更及时地获取成本数据并降低相关的人力、物力和财务成本。这将有助于提高企业的成本管理能力，优化流通销售成本，并增强企业的竞争力。因此，特种食品流通和销售企业需要探索更为灵活和高效的成本管理方式，使企业通过信息化管理满足企业对成本核算准确性和时效性提升的需求,从而有效降低企业的运营成本并提升竞争力。

(五) 网络安全问题

计算机和互联网技术已经在世界范围内得到普及,其多样性和复杂性使得信息系统不受时间、地点和方式的限制而受到网络安全的威胁。当前,网络攻击已经成为了网络安全领域中的一个重要问题。网络攻击的方式千变万化,包括了多种不同的方法,例如:

(1) 网络监控:攻击者通过监控网络流量,获取用户账户信息或密钥分发过程,从而获得非法权限和资格。

(2) 访问攻击和入侵攻击:黑客或匿名用户利用各种方式,如突破防火墙、入侵系统等方式,对网络进行危害。

(3) 网络文件系统(NFS)攻击:攻击者通过对网络文件系统进行攻击,获取未授权的访问权限,从而获取敏感信息或者对网络进行破坏。

(4) 计算机犯罪:通过突破防火墙、传播病毒、泄露信息、传播不良信息等方式,对网络环境进行破坏。

这些网络攻击方法不断演变和更新,对网络安全构成威胁。因此,保护网络安全需要不断加强网络监控、入侵检测和防护措施,提高网络安全意识,以保障网络环境的安全稳定运行。这些攻击方法的出现,给特种食品流通和销售企业的网络安全带来了极大的挑战,需要特种食品流通和销售企业加强网络安全意识,完善网络安全防范措施,以保障特种食品流通和销售企业网络安全。

在特种食品信息化建设过程中,网络安全防护体系建设是至关重要的一环,它可以发挥多种作用,如预警、防御、侦查等,是特种食品行业保障网络安全的重要防线。

特种食品行业在网络安全方面存在以下几个问题:

(1) 缺乏全面的网络安全意识:特种食品企业在网络安全方面意识不足,网络安全防护体系建设不够全面,导致网络安全问题层出不穷。

(2) 网络安全防护系统陈旧:现有的网络安全防护系统过于陈旧,缺乏更新和维护,无法及时应对新出现的安全威胁。

(3) 技术、设备、响应不充分:面对新的网络安全问题,由于技术水平、设备配置、应急响应能力不足等原因,网络安全防护体系无法进行充分保护,从而导致网络安全事件的发生。

例如,仅依赖传统的信息系统防御手段,如隔离、密码或密码限制等,难以有效对抗新的网络攻击方式。

因此,特种食品行业应加强网络安全意识培养,更新和维护网络安全防护系统,提升技术和设备水平,并建立完善的应急响应机制,以构建健全的网络安全防护体系,保护特种食品信息化建设的安全和稳定。

目前,在特种食品信息化建设中,网络安全体系的专业建设存在以下不足之处:

(1) 管理制度不够完善:网络安全体系建设需要进行综合规划和顶层设计,但由于管理制度不完善,特种食品信息化建设的网络安全责任制不够全面,无法形成系统化的网络安全管理体系。

(2) 责任制度不够明确：网络安全主体责任体系尚未形成明确的权责责任链，缺乏有效的解决方案和快速推进方案的能力，从而影响了网络安全问题的处理效率和质量。

(3) 管理人才短缺：特种食品部门需要具备复合型管理人才，既要熟悉特种食品工作，具备一定的管理水平，又要掌握一定的信息技术，以便能够进行有效的网络安全管理。然而，在特种食品信息化建设领域，专业的网络安全人才严重短缺。

(4) 应急管理措施存在不足：在应对突发网络安全事件方面，预警、防控和处置等措施不够健全，难以有效解决突发网络安全事件所带来的问题。

因此，特种食品行业需要加强管理制度的完善，明确责任制度，培养专业的网络安全人才，并建立健全的应急管理措施，以提升特种食品信息化建设中的网络安全防护水平。

二、特种食品流通与销售信息化面临的问题与影响

(一) 系统运行前面临的问题

数据管理效率和自动化控制水平有待提高：选拔聘用程序无纸化办公工程程度低，无法实现信息表单的自动生成，由于缺乏专业高效的信息管理系统而只能采取纯手工的方式对特种食品流通销售信息进行维护、查看、浏览、查询、统计及各类报表输出操作，数据管理效率不高。

工作任务重、重复性高且人手不足：工作任务繁重、重复性高已成为阻碍特种食品流通销售工作不断优化改进的主要因素。以龙头特种食品流通销售的年度绩效考核为例，要对几十家龙头特种食品流通销售进行考核，工作人员则需要制作、发布和汇总总部及龙头特种食品流通销售相关部门和单位的近千张考核表，后期还需要进行分数统计等大量工作，因此，需要寻求更加高效、环保的信息化管理方式来处理这些数据。

数据联动更新效果差：经过仔细梳理，我们发现特种食品公司的特种食品流通及销售管理业务与一般表格的数据类别存在多项重叠，其中一些表格之间存在着大量的重复信息。在过去的工作中，单一表单的数据只能单独更新，无法实现表关联信息与数据的同步和联动。

当前的办公软件功能单一，无法满足特种食品流通销售的个性化、专业化需求。例如，无法实现针对特种食品的信息检索和逐项显示等功能，使得特种食品流通销售工作人员难以快速有效地获取所需信息。此外，针对特种食品流通销售人员的选拔和任用，需要从人员信息库中筛选符合食品资质条件的人员，但现有的软件无法提供科学高效的应用支持，使得选拔任用过程存在不确定性和难度。这也导致特种食品流通销售领域的人才培养和资源配置难以得到合理规划和运用。

(二) 上述问题产生的影响

尽管特种食品流通销售管理工作范围广泛，但其质量、效率和潜在效益有待提高。由于专职管理人员不足，专业要求高，业务工作重复性高等因素的影响，特种食品流通销售管理工作往往存在着低效、低质、低效益等问题，难以节省人力、物力、财力来推

动选拔聘用制度和流程的创新。例如，设置专门的员工来负责特种食品流通和销售的信息管理和维护。由于信息数据无法协调联动，每月对特种食品公司所有特种食品流通销售负责人进行名册、任免表、数据统计分析和更新。每次挑选一家特种食品公司领导特种食品流通销售形成单据材料，都涉及打印汇总近百张表格。

特种食品流通与销售管理常态化、规范化与科学化进展缓慢：特种食品公司发展迅速，随着经营领域的不断拓展和投资规模的不断增加，特种食品行业的经济规模也在迅猛增长，面临的特种食品流通和销售团队管理难度越来越大，由于信息系统的缺乏，特种食品流通和销售管理模式停滞不前。特种食品流通销售管理的规范化、标准化、科学化和招聘就业数字化转型推进进展缓慢。

特种食品流通与销售管理对特种食品公司高质量发展保障不足：夯实特种食品流通销售管理基础，特种食品企业若能逐步实现精细化管理，将为其高质量发展提供可靠的保障。但是，如果特种食品流通和销售管理方式单一，管理水平欠缺，缺乏有效的数据联动和更新系统，就不能为特种食品企业高质量发展提供坚实的保障，难以有效促进其发展。

（三）解决上述问题的措施

建立一套信息化、标准化、规范化的特种食品流通与销售信息管理系统，通过打造"一库、一特种食品信息化平台、一应用"的数字化特种食品流通与销售管理模式，为特种食品流通与销售管理工作信息化建设奠定良好基础，提升特种食品流通与销售管理效能。

搭建内容翔实的特种食品流通与销售信息资源库：以数字化信息技术为基础，以特种食品流通与销售信息管理为核心，充分利用特种食品公司现有资源，形成资源共享、运行高效、体系健全的特种食品流通与销售信息管理系统。

根据我国特种食品流通和销售经济的实际情况，信息化管理的运用能够带来许多好处。首先通过实现信息数据的共享，特种食品行业可以充分利用信息资源，从而实现信息资源的利益最大化（张爱霞等，2018）。另外，信息化管理可以提高特种食品流通和销售人员对特种食品行业的了解程度，使其更好地把握市场动态和行业趋势，从而能够更加科学地制定营销策略和经营管理方案，提升企业的竞争力和市场地位。此外，在特种食品企业中，信息化管理还能够提升管理效率，降低人力和物力成本等方面取得显著成效，从而为企业创造更多的经济效益。特别是对于特种食品流通和销售企业而言，信息化管理能够降低运营管理风险，通过提升管理的科学性和实际操作性，可以为特种食品企业的可持续发展打下坚实基础。随着信息化技术的不断发展，相信在不久的将来，特种食品流通和销售企业将能够更好地实现信息化管理，进一步提升企业的管理水平和竞争力。并且，还能根据特种食品流通和销售经济市场的波动，通过提升企业特种食品流通和销售经济信息化管理水平，实现资源的优化配置，进而为特种食品流通和销售行业的高效发展提供更加有力的支撑。

除了上述提到的优点，通过特种食品流通和销售经济中的信息化管理，还有以下的优势：首先，信息化管理能够使特种食品流通和销售企业实现信息的实时更新和共享。通过信息化系统，企业内部不同部门之间可以实现信息的无缝衔接，避免了信息沟通不畅、信息不准确、信息孤岛等问题，从而实现信息的实时更新和共享，提高企业内部协同作业效率，降低了信息交流成本。其次，信息化管理能够使特种食品流通和销售企业实现精细化管理。通过信息化系统的数据分析和挖掘，企业领导和管理人员可以快速准确地了解企业的运营状况，及时发现和解决问题，对企业的发展方向和策略进行科学规划和决策，从而提高企业的管理水平和经营效益。最后，信息化管理能够提高特种食品流通和销售企业的服务质量。通过信息化系统的支持，企业可以实现客户信息的全面记录和管理，提供个性化服务，企业希望通过不断改进服务质量、提升服务水平和加强专业能力，满足客户的需求并超越其期望。这种努力旨在建立良好的客户关系，增强客户的忠诚度，从而实现业务增长和长期的商业成功，提高企业的竞争力。综上所述，特种食品流通和销售过程中的信息化管理对于企业的发展和稳定具有至关重要的作用。

　　特种食品流通和销售企业在提升经济效益时，可以从降低运营成本和提高服务质量两方面入手。通过降低运营成本和提高效率，从而实现经济效益的提升，并且还需要注重提高服务质量，满足客户需求，以赢得更多的市场份额。在特种食品流通和销售领域中应用信息化管理，才能有效地实现上述两种提高经济效益的方式（陈相，2018）。特种食品流通和销售企业的运营管理水平可以通过信息化管理工作以两种方式有效提升。信息化管理工作可以降低特种食品流通和销售企业的运营管理成本。传统的特种食品流通和销售企业中，大量的人工成本用于处理流通和销售单据等工作。通过信息化管理，可以实现自动化和数字化处理，减少人工成本，提高运营效率。采用信息化管理，可以实现流通和销售单据的自动化处理，所有信息数据可以被计算机直接处理。通过信息化管理，流通和销售单据等工作的处理效率和准确性可以显著提高，从而有效降低人力成本，减轻员工工作负担。此外，信息化管理还能够优化企业的库存管理、销售数据分析和客户关系管理等，从而进一步提高企业的运营效率和管理水平。类似的例子还有很多，通过信息化管理，企业可以在各个业务环节中提高效率、降低成本，从而提升企业的整体竞争力。通过信息化管理，特种食品流通和销售企业能够提升服务效率和质量。例如，通过实时显示物流信息，特种食品企业可以及时了解货物的实际状态，从而提高物流的效率和准确性。信息化管理还可以帮助企业更好地掌握客户需求、优化配送路线、提高订单处理速度等，从而提升企业的服务质量和客户满意度。通过信息化管理，特种食品流通和销售企业能够更加灵活地应对市场需求变化，提供更加高效和优质的服务。通过信息化平台，客户能够实时查询物流信息，从而提高服务质量和客户满意度，同时也提升了服务的时效性和透明度。此外，信息化管理工作还能够帮助企业及时发现并解决流通和销售过程中的问题，从而减少货物损失和延误，降低运营风险，并提高服务质量和客户满意度。通过信息化管理，特种食品流通和销售企业能够更加迅速地应对潜在问题，提供更加稳定和可靠的服务，从而满足客户的需求，提升客户对企业的信任和忠诚度。需要注意的是，信息化管理工作不是万能的，仍然需要特种食品流通和销售企业的不断努力和实践。特种食品流通和销售企业需要不断地完善信息化管理系统、提高员工信息化应用技能，以及加强信息安全管理等方面的工作。通过这些措施，特种食品流通和销售企业才能够实现更高效、更稳健、更安全的运营管理水平，迎接未来市场竞争的挑战。

建立健全的系统功能结构及个性化功能是特种食品流通和销售经济信息化管理的重要一环。为了满足特种食品流通和销售企业的不同需求，系统应该具备个性化功能，例如能够实现部分选聘手续的无纸化办公，减少人工成本和工作量。此外，系统应能够自动生成各种信息表格，让特种食品流通和销售人员能够更快捷地获取信息并进行分析。重要信息也应该被优先显示，方便特种食品流通和销售人员及时掌握关键信息，快速响应市场变化。特种食品流通销售队伍的状态分析也是系统功能的一个重要方面。通过对人员信息库的分析，系统应该能够快速、准确地评估特种食品流通销售队伍的状态，如人员数量、能力等方面，并提供相应的分析报告。此外，系统还应该能够实现特种食品流通销售信息的实时更新，让特种食品流通和销售人员了解市场变化并及时调整策略。最后，特种食品流通销售对比统计也是系统应具备的功能之一。通过对特种食品流通销售数据进行对比分析，系统能够帮助特种食品流通和销售企业更好地了解市场情况，找到竞争优势并进行有效的市场营销。

特种食品流通和销售，以及其他形式的流通和销售，如铁路、航空等，都受到了多种客观因素的影响，比如天气状况和路况等因素最为关键。这些因素会对特种食品流通和销售的效率和质量产生重要影响，导致成本的增加，从而影响到企业整体的经济效益。然而，通过应用信息化管理技术，特种食品流通和销售企业可以制定更加科学和有效的措施来应对这些风险，实现稳定的长期发展。信息化管理技术可以通过提供实时的天气和路况信息，帮助企业做出更准确的决策，调整物流路线和配送计划，避免可能的延误和损失。此外，信息化管理技术还可以通过数据分析和预测，帮助企业更好地规划库存管理和需求预测，以避免因天气和路况等因素导致的供应链中断和成本增加。这样，特种食品流通和销售企业可以更加稳定地应对外部环境的变化，提升经济效益和市场竞争力。

搭建操作便捷快速的可视化数据分析特种食品信息化平台：只有完善的特种食品流通和销售企业信息化管理工作，才能不断提升特种食品流通和销售行业的竞争力和服务水平。通过科学有效的信息化管理评估机制，特种食品流通和销售企业可以全面、客观地了解其信息化管理工作的状况，及时发现可能存在的问题和改进空间，并进行相应的优化和改进。信息化管理评价机制应包括多个方面的内容，例如对信息化管理系统的整体性能、稳定性、可靠性、安全性进行评价；对特种食品流通和销售企业的信息化管理工作流程、数据处理、信息共享、业务创新等进行评价；对特种食品流通和销售企业信息化管理的投入产出比、成本效益、服务质量等进行评价。通过这些方面的评价，能够全面衡量特种食品流通和销售企业信息化管理工作的水平，并不断提升信息化管理水平和服务质量。此外，特种食品流通和销售企业还应该注重完善信息化管理工作的人才队伍，加强信息化管理人才的培养和引进（李萌，2022），提高信息化管理人员的专业能力和业务水平，为特种食品流通和销售企业信息化管理工作提供强有力的支持。同时，特种食品流通和销售企业还应该不断跟进信息化技术的发展和应用，积极探索适合企业的信息化管理模式和工具，以推动特种食品流通和销售企业的信息化管理工作不断创新、完善和提高。特种食品的流通和销售经济信息化管理是确保特种食品企业服务质量和经营成本的重要手段，也是预防日常经营管理过程中风险的有效措施。为了实现这一目标，特种食品流通和销售企业应该采取以下措施。第一，特种食品流通和销售企业应该引入现代化风险评估体系，并结合特种食品流通和销售特征，有针对性地做好特种食品流通和销售过程中的风险预防工作。例如，在特种食品流通和销售中，需要有效监测交通事故风险、极端天气影响以及车辆运输安全检测等风险，并将监测结果及时反馈到特种食品流通和销售的经济信息化管理系统中，为风险评估提供准确的数据支持。第二，特种食品流通和销售企业应定期进行全面的信息和指标分析调查，以明确其经济波动过程，并结合信息化管理经验，不断改进和完善特种食品流通和销售的经济信息化管理评估体系。第三，特种食品流通和销售企业应及时总结信息化管理中的问题和不足，并建立特种食品流通和销售经济模型，及时应对其中的风险，从而提高企业在面对风险时的抵抗能力。

目前，我国特种食品流通和销售行业在信息技术的全面普及方面存在不足，这直接对整个行业的决策和信息化管理能力产生了负面影响。因此，特种食品流通和销售企业需要转变传统思维，需要注意客户的需求。特种食品流通和销售信息系统应该能够帮助客户进行流通和销售过程中的各类信息数据的有效查询，以提高客户满意度。自然灾害和突发事故等突发因素可能对特种食品流通和销售企业的正常运输造成影响。因此，信息化管理工作人员应该定期对信息管理系统中的各项数据信息进行更新和完善，以确保特种食品流通和销售企业能够更加及时地获取各类信息，以应对各种紧急情况。在突发状况下，特种食品流通和销售企业需要具备应急能力。因此，信息化管理工作人员应当促进各单位之间更好的协调，以提高应急响应能力。此外，信息化管理工作人员还应建立有效的风险评估体系，根据特种食品流通和销售行业的特点，采取有针对性的风险预防措施，以降低潜在风险发生的可能性。这将有助于特种食品流通和销售企业更好地应对突发情况，并保障业务的持续和稳健发展。例如，对于交通事故、极端天气和车辆安全检测等问题，应及时监测并将数据反馈到信息化管理系统中，为接下来的风险评估工作提供支持。同时，特种食品流通和销售企业应对信息化管理中的问题和不足进行深入总结，并构建特种食品流通和销售经济模型，用于风险评估和预测，为企业的管理层和决策层提供科学、合理的决策支持。通过不断完善信息化管理评估机制，特种食品流通和销售企业可以更加精确地把握交通运输市场的发展机遇，提升竞争力，并做好风险应对工作，提高对风险的应急响应能力。这将推动特种食品流通和销售企业实现经济效益的最大化，确保业务的稳步持续发展。

此外，为了推进特种食品流通和销售经济信息化管理的进程，信息化管理工作人员还应该注重以下方面的工作：

第一，加强信息技术的培训和普及。只有让特种食品流通和销售企业的工作人员充分了解信息化管理系统的操作流程和技术特点，才能更好地掌握信息化管理技能，提高信息化管理水平。

第二，建立科学合理的信息化管理体系。特种食品流通和销售企业需要根据自身的业务特点和信息化管理需求，建立科学合理的信息化管理体系，包括信息资源的整合和利用、信息流程的优化和协调、信息安全的保障等方面。只有建立起科学合理的信息化管理体系，才能更好地支撑特种食品流通和销售企业的管理和决策。

第三，加强信息安全管理。特种食品流通和销售企业在信息化管理过程中，面临着信息泄露、黑客攻击、病毒侵袭等各种安全威胁，必须加强信息安全管理，建立健全的信息安全保障机制，保障特种食品流通和销售企业的信息安全。

第四，注重信息化管理与业务的融合。特种食品流通和销售企业的信息化管理工作必须与业务的实际情况相结合，不断提高信息化管理工作的实效性和可操作性，从而推动特种食品流通和销售企业实现良性发展。

通过安全访问、传输和修改专用食品流通和销售信息，建立多种数据采集和录入模式，包括专用食品流通和销售预约撤单表的导入和填写等操作。同时，结合逻辑核对和多种显示方式的可视化数据统计分析，使操作便捷、逻辑清晰准确（穆佳丽等，2022），从而实现特种食品流通和销售信息的快速高效查询和分析。

三、特种食品流通与销售信息化建设意义与目标

要提升整体工作效率，特种食品生产企业需要在激烈的市场竞争中获得独特的竞争优势，只有通过经济管理的创新才能实现。特种食品生产企业应当实施经济管理创新，以确保各项工作的顺利开展。当前社会发展形势既带来了机遇又带来了挑战，特种食品生产企业的经营管理面临着更大的压力。因此，特种食品生产企业的管理者需要深刻认识当前的经济形势，结合企业的实际发展状况，采取有效措施来提升整体上的经济管理水平，以应对竞争和市场的挑战。

随着经济全球化的推进，特种食品生产企业可以充分利用自身的资源优势，实现生产要素的合理配置。特种食品生产企业的经营管理受到全球化的影响主要体现在以下三个方面：首先，数字经济正在成为经济的新中心。随着数字技术和互联网的不断发展，经济活动正逐渐向数字化方向转变，数字经济的增长速度正在迅速加快。特种食品生产企业需要意识到数字经济的重要性，积极探索和应用数字技术，提升企业的数字化水平和竞争力。其次，全球化加速了市场的竞争和创新。特种食品生产企业需要面对来自全球市场的激烈竞争，通过创新和优化产品和服务，不断提高企业的竞争力和市场份额。此外，企业需要加强与国际市场的联系，积极开展国际贸易和合作，进一步扩大企业的影响力和市场份额。最后，全球化也带来了越来越多的挑战和风险。特种食品生产企业应积极应对全球经济、政策和市场的变化，采取有效的风险管理策略，以降低不确定性对企业经营的影响，确保稳健发展。同时，企业还需加强对全球市场的了解和研究，及时调整经营战略和业务模式，以应对不断变化的市场环境。网络经济作为知识经济的一部分，对社会经济和人们生活的发展产生深远影响。与传统经济相比，网络经济具有突破时间和地域限制的优势，有助于提高生产要素和资源的利用效率，推动特种食品生产和企业的发展。随着经济全球化以多种形式发展，网络经济已成为特种食品生产企业与全球市场交流合作的重要平台。经济全球化是一个综合性的概念，涉及生产规模的扩大、科技水平的提高以及社会和国际分工的深化。在这一过程中，全球范围内的经济活动已超越国家或地区，相互依存、相互关联，形成更加紧密的整体。随着科技的不断进步，信息技术的广泛应用也日益普及。这种技术的快速发展推动了基于互联网的信息交

流和共享，促进了社会信息化的发展。当前社会正在向信息化方向发展，信息技术水平的提高不仅有助于传统产业的转型升级，还为各行业注入了新的活力。信息技术在各个行业中的广泛应用日益显现其重要作用。在商业领域，互联网技术的应用已经推动了电子商务的飞速发展。通过电子商务，商家可以利用互联网与消费者进行交流和交易，大大提高了商业运作的效率。在教育领域，网络技术的应用也为教育教学提供了更广阔的空间，学生可以通过网络学习课程和获取知识，教师也可以通过网络进行教学和交流。在医疗领域，信息技术的应用也可以大大提高医疗效率，例如电子病历系统可以让医生更方便地查看病历和进行诊断。总之，在当今信息化时代，信息技术的持续发展不仅可以显著提高特种食品生产企业的工作效率和生活质量，还可以为各行各业注入新的活力和创新。因此，对特种食品生产企业的经济管理过程来说，掌握并不断学习新的信息技术显得尤为重要。在特种食品生产企业的经济管理过程中，管理者利用先进的信息技术，明确内外部因素对特种食品生产企业的影响，并据此制定特种食品生产企业经济管理的创新战略。尽管经济全球化为特种食品生产企业带来了许多机遇，但同时也加强了国际市场的竞争。在当前激烈的市场竞争中，特种食品生产企业需要注重经济管理的创新，以保持竞争优势并避免被市场淘汰。特种食品生产企业的管理者应该紧跟新的经济形势，将特种食品生产企业作为经济增长的主体，以确保特种食品生产企业能够实现经济的健康发展。随着市场环境的不断变化，特种食品生产企业需要不断提高其经济管理水平，借助新的技术和方法，开展全方位、多角度的经济管理工作。特殊食品生产企业应当充分重视市场研究和市场定位，深入了解市场需求和趋势，制定符合市场的经济管理策略和计划。同时，应注重人才的培养和引进，不断提升员工的素质和能力，以满足企业快速发展的需求。只有持续创新和不断提升，特殊食品生产企业才能在激烈的市场竞争中立于不败之地，实现经济的健康和可持续发展。

特殊食品生产企业在提升管理水平和工作效率方面，传统的管理方式已显不足。当前形势下，信息化技术在特殊食品生产企业的管理中扮演越来越重要的角色。因此，特殊食品生产企业的管理者需要在深入分析现有管理模式的基础上，积极引入信息化管理技术，采用现代化的信息化管理模式，全面改革管理方式，从而实现企业的可持续发展并提升市场竞争力。特殊食品生产企业的管理者在当前经济形势下，应紧紧抓住机遇，加速推进信息化管理技术的应用，为企业的经济管理提供有效的技术支持。为此，管理者应积极推进信息管理系统的建设，实现信息化管理技术的全覆盖。通过建立信息管理系统，企业可以加快信息的收集速度，并将信息快速整合到企业的决策过程中。同时，通过建立数据分析系统，可以有效减轻员工的工作负担，并提供数据真实性和准确性的保障，从而提高企业管理水平和决策效率。除此之外，管理者还应注重信息技术与生产制造、供应链管理、财务管理等多个领域的结合。例如，可以利用先进的科学技术优化特种食品生产流程、来提高生产效率；建立供应链管理平台，实现全程监控和优化物流运输等。此外，还可以将信息化管理与财务管理相结合，建立财务管理信息系统，实现财务数据的快速准确处理和管理。综上所述，特种食品生产企业的管理者需要积极推进信息化管理技术的应用，建立完善的信息管理系统，加强信息技术与生产、供应链和财务管理等领域的结合，以提高企业管理水平和经济效益。

随着人工智能与特种食品知识服务的深入发展，特种食品信息化管理成为大数据时代推动特种食品教学管理科学发展的基石。然而，由于大数据方法在特种食品信息化管理应用的发展时间较短以及特种食品系统的复杂性，特种食品数据信息化管理在管理及服务方面发挥的作用依然存在不足。大数据是一种具有海量、快速增长、多样化等特征的数据集，能够对大批量的信息数据进行收集、整理、分析，并能够通过云计算技术对数据本身所隐藏的、具有高超价值性的信息进行探索，从而为各行各业以及人们的生产生活提供最大化信息资源。大数据视野即为在大数据视角下，利用大数据技术对数据进行的分析方法和管理手段。大数据分析可以从大量的数据中推断出预测信息，从而进一步了解被分析的个人和群体，并预测他们的未来行为。

第二节 特种食品流通与销售信息化体系结构分析

一、特种食品流通与销售供应链式管理措施研究

（一）流通和销售成本管理流程规范化

为了进一步提高特种食品生产企业的整体流通销售成本管理效果，需要根据实际管理需求和标准，规范处理流通销售成本管理流程。由于特种食品生产企业内部管理水平较为复杂，需要在各个环节建立适当的监督机制，以限制成本的增加。同时，特种食品生产企业在管理所需物资时，也需要按照现有的流通和销售流程，进行规范化管理，以确保流通销售成本在合理范围内，并提高整体管理效果。结合特种食品生产企业的供应链，在各个控制环节设置相应的监控节点和标准，设置流通和销售周期，对成本数据进行标准化汇总和整合。

日常流通和销售工作必须保证透明和公平，实现有效的成本控制。以特种食品生产企业基本成本控制制度为标准，根据特种食品生产企业流通和销售情况的变化，来逐步改变、调整和纠正相应的管理流程，建立科学完善的物资流通和销售体系，并以供应链作为管理指导。从多个方向逐步界定特种食品供应商的资质、供应能力和动态流通销售过程。日常流通和销售报价，特种食品供应商的核查和评估，虽然对流通和销售成本管理影响不大，但在一定程度上容易造成管理失误，对后期的成本核查和会计处理造成障碍。

航空路线和民用飞机数量的增加，以及高速公路网络的快速发展，为特种食品的运输提供了更多便利条件。在这种背景下，传统的特种食品流通和销售面临着愈发加大的压力和竞争。因此，如何在特种食品交通运输网络日益密集的情况下获取客户资源，提高特种食品的流通和销售经济效益，成为当前特种食品流通和销售经济信息化管理发展中的重要课题。为此，特种食品流通和销售企业需要采用更加合理有效的信息化管理体系，以提高服务效率和质量。

在特种食品流通和销售经济信息化管理过程中，应充分利用信息化管理的优势和特

点。特种食品流通和销售企业可以通过建立信息管理系统有效地加强企业对信息的管理和利用，提升数据处理效率，为企业的经营决策提供可靠的依据。特种食品企业可以借助信息化技术，实现信息的自动化采集、处理和分析，以提高企业运营的智能化水平，提升响应速度和市场竞争力。此外，特种食品流通和销售企业还可以积极宣传和推广运输服务平台，为客户提供更好的便利性，同时扩大实际业务范围，提升核心竞争力。同时，特种食品流通和销售企业的信息化管理体系也需要与客户需求相关的应用相结合，以满足客户的各种需求。

总的来说，特种食品流通和销售企业应充分利用信息化管理技术和特点，积极探索更合理、更有效的信息化管理体系，提高服务效率和质量，以适应特种食品交通运输网络不断提升的发展趋势，并实现更大的经济效益。

特种食品的流通和销售经济需要积极推动信息管理网络的建设和发展，这对于信息化管理工作具有重要意义。然而，要实现信息管理网络的建设，需要考虑以下几点：

第一，网络系统应该基于现代化的大数据技术，分析特种食品流通和销售经济的历史数据信息，及时辅助特种食品流通和销售企业的工作人员，并帮助他们更全面地了解自身的规划和发展情况，企业的工作人员应充分发挥大数据技术的作用，特别强调在特种食品流通和销售经济中建设信息化管理网络，并向其他地区提供信息化管理网络建设工作的借鉴经验。

第二，信息化管理网络的建设可以促进特种食品流通和销售经济管理部门之间更紧密的沟通和协调，提高特种食品流通和销售部门的工作效率和质量，并优化和整合各项特种食品流通和销售经济的数据信息，使特种食品流通和销售企业的决策更真实和准确，从而提高特种食品流通和销售企业的经济效益。

第三，在建设信息化管理网络时，应充分利用现代化的物联技术，对特种食品流通和销售的各个阶段进行全面监控。特种食品流通和销售经济的信息化管理工作人员可以通过网络平台实时监控特种食品货物和车辆等情况，监控内容包括车辆信息、路况信息以及货物信息等多个方面。这些监控内容有助于提高不同流通和销售渠道之间的沟通效率，从而推动信息化管理网络的建设更加完善和优化。

（二）加强供应链价格管控

一般情况下，特种食品企业的生产对于流通和销售价格都非常重要。因此，对于日常流通和销售的成本管理，会制定一套比较严格的价格控制体系。特种食品生产企业生产的日常流通和销售物资数量多、种类多，涉及各行各业，但流通和销售的价格会上下波动，影响最终的流通和销售成本。在当前特种食品生产企业供应链变化的背景下，有必要逐步加强对流通和销售价格的管理和控制，包括设立相应岗位，根据市场流通和销售项目的价格变动，定期进行分析和调整流通和销售计划，计算价格差异，结合质量、使用寿命、服务体验等因素，制定最优的流通和销售方案，并调整日常管理和控制工作的内容（梁晨，2022）。保持物资流通和销售部门对市场价格的了解。

将价格分析与控制与特种食品生产企业的供应链、供应商的控制相结合，建立积极的管理环节，制定有针对性的物资流通和销售计划，可以更有效地降低物资流通和销售成本。动态成本控制模式取代传统的单向流通销售模式，可以提高整体管理效果。巧妙运用科学技术更快速地分析市场价格波动，调整价格应用，合理控制物资流通和销售价格，可以进一步保障特种食品生产企业的成本管理。

(三) 流通和销售专职人员培训

影响日常管理效果的重要因素之一是管理人员的专业素质及其对成本管理的能力。一般情况下，为了提高整体管控效率和质量，会定期对员工进行培训。然而，目前的培训缺乏针对性，尤其在处理一些专业的特种食品流通和销售成本管理问题时，解决效果有限，管理方式受到较大的限制。因此，有必要对管理人员的专业素质进行更加深入和具体的培养，以提升其在特种食品流通和销售经济中的管理能力，从而更好地应对日常管理工作中的挑战。因此，可以从多个目标的角度来扩大员工培训的范围。同时，开展分类培训，针对物资流通销售数量大、流通销售流程多、类型不同的岗位制定相应的培训方案，逐步地加强流通销售成本管理人员的专业素质。指导管理人员完成专业流通销售知识和流通销售技能的学习，提高特种食品生产企业流通销售成本的控制和管理水平。在实际培训过程中，还需要明确日常工作的流通销售标准，有效地避免因流通销售成本管理人员缺乏而导致的流通销售问题，为后续工作的落实打下更加坚实的基础。根据流通和销售成本的变化，逐步调整和修改日常的培训内容和目标，从而与时俱进，同步实现共同发展，从工作上增强物资流通和销售流程中的企业人员的责任意识和自身素质。

要实现特种食品交通运输经济管理和信息化管理的有效融合，需要加强交通运输和信息化管理人员的技术能力和职业素养，并优化组织架构，同时，还应根据特种食品的实际运输情况，充分发挥相关人员的潜力，提出更多建议，以提升特种食品交通运输经济管理的科学性和有效性。为实现上述目标，还应及时归纳和总结特种食品交通运输中的各种问题。

(四) 构建多层级物资供应链流通和销售结构

传统的流通销售成本管理结构普遍单一，控制范围十分有限，成本核算效率低，工作环节较为复杂，不利于保证日常成本管理的效果。根据供应链的成本节点，划分流通和销售成本的管理区域，对流通和销售物资的种类逐一进行分类，形成多层次、多目标的流通和销售成本管理结构。在成本核算和计量过程中，保证日常流通和销售成本管理的效率和质量的同时，提高相应的控制效果，进行有针对性的物资流通和销售。结合供应链，逐步加强流通和销售成本的控制力度，以多元化的物料流通和销售模式，集中处理，促进流通和销售成本的进一步合理化。

(五) 加强特种食品供应商核查评价

一些特种食品生产企业在日常的流通和销售中未充分重视对特种食品供应商的核查和评价，对相关工作的落实也会产生消极的影响。可以根据生产特种食品的企业的材料流通和销售周期，结合市场的发展变化，对特种食品供应商的资质、特种食品产品、信用等进行调查。同时，还需要结合市场上同类商品的价格变化来衡量特种食品供应商的可靠性。在验证和评估的过程中，整合供应链，逐步构建循环流通和销售成本验证和评估体系。通过供应链的变化，对签约的特种食品供应商进行战略调整。此外，在选择特种食品供应商时，需要考虑特种食品生产企业未来的发展方向，以增加整体供应的适应性，从而促进特种食品生产企业管理人员与特种食品供应商之间更加紧密的合作，建立战略联盟，在不断变化的供应链环境中共同发展。

（六）构建多元化供应链流通和销售模式

一些生产特种食品的企业因其高效和低误差的特点，以及方便进行流通销售成本核算，通常采用单一的流通销售模式。然而，对于业务量大、数据信息产生较多的特种食品企业来说，这种流通销售成本管理模式的应用效果并不明显，可能会面临成本管理压力。为了缓解这种压力，可以考虑采用多样化的流通销售模式，最大限度地减少现有的管理错误。特种食品生产企业利用现代网络体系优势，根据供应链需求的变化，进一步推动分销和销售模式的多方位更新升级。为了简化成本管理的环节，特种食品企业还可以采用"线上流通销售+线下流通销售"的一体化模式，创新流通销售的路径。通过对流通销售材料进行分类，可以通过多元化供应链流通和销售模式，可以进入新的市场和销售渠道。不仅可以扩大产品的市场覆盖范围，还可以接触到更多的目标客户，增加销售机会和潜在收入。多元化供应链流通和销售模式可以减少对单一供应商或销售渠道的依赖。当某个供应商或渠道出现问题时，可以快速切换到其他供应商或渠道，降低供应链中断的风险，保证产品的供应和销售。总之，构建多元化供应链流通和销售模式有助于提高供应链的弹性、市场覆盖和效率，降低风险并适应市场变化，促进合作与创新。

（七）设计智能化循环成本管理特种食品信息化平台

智能化特种食品成本管理信息平台的设计为特种食品生产企业的日常成本控制和核算工作提供了巨大的便利。通过将与物料流通和销售有关的数据输入到专用食品信息平台系统中，管理人员可以方便地生成汇总的流通和销售成本表，以供核对和对账。基于这个平台，还可以构建多元化的物资流通和销售功能模块，从而更好地管理特种食品的物资流通和销售过程。结合市场变化，可以更及时、迅速地掌握各种流通、销售资料的价格变化。管理人员可以在专门的食品信息平台上做针对性的标记，制定相应的流通销售目标和方案。进一步防范流通和销售成本控制风险。此外，应用特种食品信息平台进行成本管理，还可以大大提高成本管理和控制的效率，避免成本核算错误，促进成本流通和销售的各个环节更加详细和完善，协助管理者了解特种食品的流通和销售情况，包括配料、期货价格等信息，以便为与特种食品供应商的价格谈判做好准备。专为循环成本管理设计的特种食品信息平台的建立，为后续的成本管理工作提供了可靠的基础，使整体管理结构、模式和环节得以更加合理和科学的调整。此外，供应链的辅助控制可以实现现代成本管理。

二、特种食品流通与销售信息化生产的企业管理措施研究

特种食品生产企业需要认识到，仅仅保持不变是无法提高整体工作效率的，只有通过经济管理的创新才能在竞争激烈的市场中获得独特的竞争优势。当前社会发展形势既带来了机遇也带来了挑战，特种食品生产企业的管理者需要认清当前经济形势，并结合企业的发展状况采取有效措施，提升经济管理水平，确保各项工作的顺利开展。只有不断创新经济管理方式，特种食品生产企业才能在竞争激烈的市场中保持竞争力并实现可

持续发展。

随着我国社会经济和信息技术的快速发展,政府发布了一系列相关政策,旨在促进特种食品领域的流通和销售业务的发展。特种食品的流通和销售经济管理工作,必须紧跟我国社会经济和信息技术的变化趋势,进一步提升信息化管理质量和效率,为我国特种食品行业的规划和发展提供有力的支持,同时也为消费者提供更加便捷的特种食品购买服务。因此,加强特种食品经济中的信息化管理具有极其重要的意义,对于促进特种食品产业的可持续发展和提升消费者体验具有积极作用。

随着社会的进步和对特种食品企业的要求不断提高,企业必须进行管理创新,以提升其管理水平。创新在特种食品企业管理中是必不可少的一个环节,因此,特种食品企业的管理者应积极采取创新措施,以适应新形势下的要求,并不断提升企业的管理水平,从而在市场中保持竞争力。

(一) 强化创新理念,推动内部改革

在当前经济形势的新变化下,特种食品生产企业之间的竞争变得日益激烈。这要求特种食品生产企业不仅要巩固市场地位,还要提高对外开放水平和国际市场整合能力,以增强企业的影响力和市场竞争力。一些大型国有特种食品生产企业故步自封,对新思想和新方法持抵触态度,这样会产生很大的负面影响。在特种食品生产企业进行生产经营创新时,需要注意内部和外部环境。管理者应该加强对内部环境的关注,明确特种食品生产企业的组织结构、管理模式和企业文化,从而更好地应对市场变化和提升企业竞争力。创新是特种食品生产企业进行经济管理的根本动力。管理者需要以身作则,加强创新理念,在创新理念的影响下改变管理方法,以适应特种食品生产企业经济管理的需要。特种食品生产企业的管理者要把创新思想落到实处,杜绝形式主义。企业唯有不断创新,才能永立潮头,站在行业发展的前列,从而促进特种食品行业的可持续发展。

(二) 建立特种食品经济管理信息化平台

特种食品生产企业在应对新形势下的经济管理工作时,应顺应时代发展,为特种食品生产企业创造一个良好的内部环境。处于这样的环境之中就可以潜移默化地影响员工行为,从而激励和引导他们。因此,负责特种食品企业生产的经济管理人员应融合各个与特种食品流通销售相关的部门,明确职责,放权,避免部门管理人员有权无责或无责妨碍特种食品企业经济管理工作的顺利进行。例如,特种食品生产企业可以使特种食品流通、销售相关部门的工作人员及时共享信息,实现信息数据的快速传递,便于特种食品生产企业的工作人员了解内外部环境的变化。

(三) 经济管理手段创新

特种食品生产企业的经营者需要采用更为先进的经济管理手段,以适应企业发展的需要。目前,信息技术已经成为许多特种食品生产企业不可或缺的管理手段。特种食品生产企业应充分利用信息网络技术,以提升生产力,为经济管理创造有利条件,以实现更多的经济效益。大数据技术可以帮助工作人员收集目标顾客购买特种食品的信息,成本比较低,工作人员可以在短时间内完成目标特种食品的客户调查,因而大大提高了工作效率。销售完成后,工作人员需要收集购买特种食品的顾客的意见,这样有利于提升特种食品生产企业在特种食品购买顾客心目中的形象。

(四) 加强生产特种食品的企业内部管理控制

严格的内控制度，完善的操作规程，是特种食品企业成功的基石。在制定内部管理制度时，管理者应该倾听各方意见，而不仅依赖自身经验。在制定内部管理制度时，企业可以采取以下方法和策略：

一是了解业务需求：企业应该首先深入了解自身的业务需求和目标。这包括了解业务流程、组织结构、团队职责和工作流程等方面。通过了解业务需求，企业能够确定所需的管理制度和规范。

二是参考行业最佳实践：企业可以参考相关行业的最佳实践和标准，了解行业内常用的管理制度和规范。这些实践可以包括质量管理制度、食品安全管理制度、项目管理制度等，根据企业的业务性质选择适合的管理制度。

三是制定制度和规范：企业需要制定适用于自身业务的管理制度和规范。制定过程中应该考虑到企业的特点、目标和文化，并结合相关法规和标准进行制定。制度和规范应该包括组织结构、职责分工、工作流程、决策流程、绩效评估等内容。

四是培训和沟通：制定内部管理制度后，企业应该进行员工培训和沟通，确保员工对制度和规范的理解和遵守。培训可以包括制度的目的和要求、操作流程、责任和权益等内容。通过良好的沟通，可以增加员工对制度的认同和员工间的合作，提高管理制度的执行效果。

五是监督和改进：企业应该建立监督和改进机制，定期评估和审查内部管理制度的执行情况。这可以包括内部审计、绩效评估、风险评估等方法。根据评估结果，企业可以及时调整和改进管理制度，以适应业务发展和变化的需要。

加强生产特种食品的企业内部管理控制具有以下好处：

一是提高食品安全和质量控制：强化内部管理控制可以确保特种食品的生产过程符合相关的食品安全标准和法规要求。通过建立标准化的操作流程、质量控制措施和检测机制，可以有效防止食品污染、控制食品质量，并确保产品的安全性和可靠性。

二是优化生产效率和资源利用：良好的内部管理控制可以优化生产流程，提高生产效率和资源利用率。通过合理规划生产计划、优化供应链管理、控制库存和减少生产浪费，企业可以实现更高效的特种食品生产，提升生产能力和经济效益。

三是加强追溯和溯源能力：内部管理控制可以加强特种食品生产的追溯和溯源能力。通过建立健全的记录和档案管理体系，可以准确记录原材料来源、生产工艺、生产环境等信息，为产品的质量溯源和追溯提供支持，提高产品的可追溯性和信任度。

四是强化合规管理和法律风险防控：通过内部管理控制，企业可以加强合规管理，确保特种食品生产符合相关法律法规和标准要求。这有助于降低法律风险，避免可能的法律纠纷和罚款，维护企业的声誉和可持续发展。

五是提升员工意识和责任感：加强内部管理控制可以促进员工的食品安全和质量意识，增强他们的责任感和专业素养。通过培训和沟通，让员工了解管理制度和标准要求，培养他们遵守规范和自律精神，提高工作质量和团队合作能力。

六是增强竞争力和市场信誉：通过强化内部管理控制，企业可以提升特种食品的质量和安全水平，增强产品的竞争力。优质的特种食品和可靠的供应链管理有助于树立企业的良好信誉,在市场中赢得消费者的信任和认可。

(五) 加强对人力资源的重视

人力资源是特种食品生产企业经济管理的重要资源,特种食品生产企业的管理者需要更加重视人员的招聘和管理。在特种食品生产企业的招聘过程中,管理者应该注重候选人的专业知识和专业能力,同时也要重视其思想品德素质。管理者职位越高,权力越大,如其道德有瑕疵,通过不正当手段获取利益,将会损害特种食品生产企业的整体利益。因此,在招聘过程中,管理者需要筛选出具有高度道德素养、能够遵守行业规范和法律法规的人才,以确保特种食品生产企业的健康发展和长期利益。特种食品生产企业的管理者在进行招聘前,可以充分利用信息技术对职位进行详细分析,明确企业目前的空缺职位和岗位要求,并制定相应的招聘标准。在人力资源规划中,管理者需要根据企业的人员结构来制定招聘和选拔员工的计划。招聘方式可以包括广告发布、员工推荐和职业介绍所推荐等多种途径。通过科技手段,特种食品生产企业的管理者可以更加高效地进行人才招聘,确保企业能够吸引到合适的人才,提升企业的人力资源管理水平。员工入职后,特种食品生产企业的管理者需要安排相应的入职培训,让新员工充分了解企业目前的结构,明确自己的职责。企业应采取有效措施,通过营造良好的环境、培育和树立典范等措施,增强员工对企业的认同感。特种食品生产企业的员工在面对困难时,积极引导其与其他员工进行沟通,寻求解决问题的方法,充分发挥团队的协作作用,积极参与企业的经营活动。与此同时,特种食品生产企业的管理者也应关注员工的健康因素和激励措施,以确保员工满意度,从而最大程度地提高整体工作效率。

(六) 加强特种食品生产企业财务监管、风险防范和成本预算管理

特种食品生产企业的财务部门对企业发展至关重要。因此,特种食品生产企业的财务部门应受到高度重视,以避免因管理者追求不正当利益而导致损失。为了加强财务监管和风险防范工作,特种食品生产企业的管理者应深入分析财务活动,全面了解财务状况,制定符合特种食品生产企业需要的财务监督管理方案,实施准确的风险防范计划,加强成本预算管理,推进全过程审计,以确保企业的经济安全。

(七) 引入信息化管理技术

随着经济形势的变化,传统的管理方式已经无法满足特种食品生产企业的管理需求,也不能有效提高工作效率。在当今新形势下,信息技术在特种食品生产企业的管理者应基于对企业管理现状的深入分析,实现企业的可持续发展目标。这样的改变将有助于提高管理水平,推动特种食品生产企业适应新的经济环境,提高管理效能,并促进企业持续健康发展。为了提高经济管理水平,特种食品生产企业的管理者需要抓住机遇,全面推行信息化管理技术,并推进信息管理系统的建设。信息管理系统可以提高保障。通过这些措施,特种食品生产企业可以获得技术支撑,实现信息化管理技术的全覆盖,提高经济管理水平,实现可持续发展。

三、特种食品流通与销售信息化体系结构

2021年3月,国务院国资委办公厅发布了《关于加快推进国有特种食品生产企业

数字化改造的通知》，这一举措是响应了中国制造业 2025 规划、工业化与信息化融合等战略，以及《国民经济和社会发展第十四个五年规划》和《中华人民共和国 2035 年远景目标纲要》中提出的"建设数字中国"的发展目标。这些政策文件旨在推动特种食品生产企业向数字化转型，并在经济发展和社会变革的背景下，引领企业适应新的数字化时代的要求，提高生产效率、降低成本、改善管理水平，从而促进特种食品生产企业持续创新和可持续发展。这一系列政策措施为特种食品生产企业数字化改造提供了政策支持和发展方向，有助于推动中国特种食品行业朝着数字化、智能化、可持续发展的方向迈进。

当前，中大型生产特种食品的企业，尤其是国有大型企业，普遍采用信息化管理系统，如企业资源计划（ERP）系统和生产执行系统（MES），来替代传统的手工管理模式。虽然这种方式快速高效，但投资和运维成本较高，限制了许多中小企业和新兴高新技术生产特种食品企业的采用。因此，这些企业面临着信息化管理的挑战。

（一）特种食品流通与销售信息化系统的构成

数据采集技术的终端：随着移动互联网的迅猛发展，高性能智能手机的问世引领了数据采集技术的革新。随着软件开发和云存储技术的不断创新，数据采集终端可以是网络设备和传输系统，用于收集和传输数据。例如，路由器、交换机、无线接入点等可以用于数据采集和传输网络数据；通信卫星、光纤网络等用于远程数据采集和传输。

台式计算机的数据处理技术：尽管台式计算机不像移动设备那样便携，但在生产自动化系统中仍然扮演着不可或缺的关键角色。与移动设备相比，台式计算机具有更大、更清晰的显示屏幕和更强大、更复杂的数据处理能力，特别适用于复杂的数据分析和图表制作。因此，可以将特种食品信息平台传递，从而实现信息网络的拓展。

云空间技术的数据存储技术：云空间技术是一种新兴的大型数据库网盘服务，为特种食品生产企业提供数据存储、管理、共享和访问等多项服务，满足其信息化管理需求。其优势在于：提供免费的基本功能服务，全天候稳定运行，支持多用户同时编辑和访问，同时兼容各种办公文档格式，如文本、表格、演示文稿、流程图、PDF 等。此外，云空间技术还具备高效的数据加密和安全保障措施，确保数据的安全性。同时，它还可以构建多层次的团队组织体系，便于团队协作和管理。

（二）特种食品流通与销售信息化系统架构

1. 网络架构

网络架构的设计和实施需要综合考虑诸多因素，如网络规模、性能要求、可靠性需求、成本限制和未来扩展性等。一个合理和有效的网络架构可以提供高效的数据通信和应用服务，支持组织的业务需求和发展目标。我们可以构建一个多层次的生产信息管理系统（图 7.1）。这个系统可以实现生产数据的高效采集、快速分析和实时共享，从而支持特种食品生产企业的信息化管理需求。该系统具备 ERP 系统和 MES 系统的基本功能，专门用于特种食品的生产。另外，该系统投资少，建设快速，可以通过模拟特种食品生产企业的组织结构和信息流传输过程来构建。随着系统的不断迭代和优化，就可以实现原本有效传递信息的目的。特种食品企业类比出的网络架构如图 7.2 所示。

此网络人员结构包括：劳动人员、企业生产线小组长、企业生产线主管、特种食品

第七章 特种食品流通与销售信息化建设

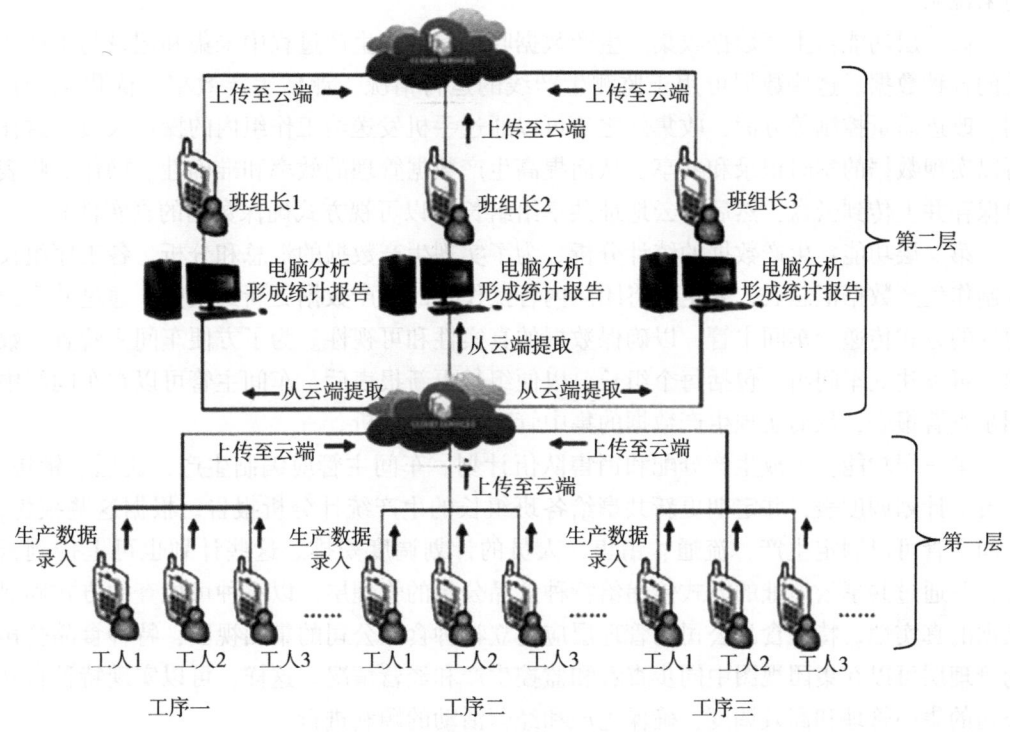

图 7.1　特种食品生产信息管理系统架构

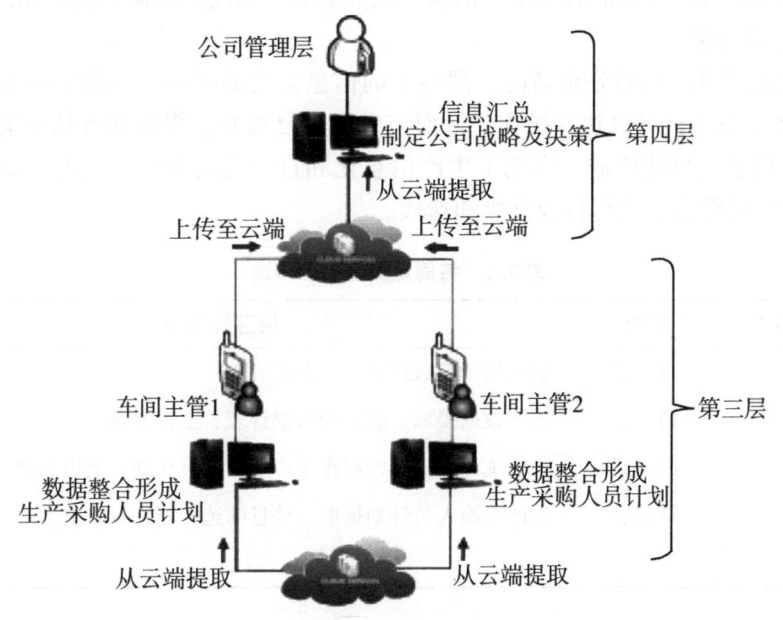

图 7.2　特种食品类比的架构

企业领导。建立后，根据实际人员组织结构增减级别。现在用一般情况下的四层网络结构来说明。

第一层功能：生产数据收集。生产数据收集是指在生产过程中采集和记录与生产相关的各种数据。这些数据可用于监测生产线的运行情况、评估生产效率、优化生产计划、改进质量控制等方面，收集好之后可以通过手机发送给工作组内的操作人员。这样可以实现数据的实时记录和共享，从而提高生产数据管理的效率和准确性。操作员将表单保存并上传到云盘，然后将云地址共享给组长（以可视方式确保数据的真实性）。

第二层功能：生产数据的统计分析。为了实现生产数据的汇总和分析，各工序组长应制作生产数据汇总表，并定期将团队内各操作工的生产数据更新到表中。通过共享云地址的方式传递给车间主管，以确保数据的真实性和可视性。为了方便车间主管查看数据，可以建立车间组，包括每个组长，以便组长更新报表后，车间主管可以在车间组中同步查看报表，从而实现生产数据的集中管理和及时分析。

第三层功能：生成生产分配和销售队伍计划。车间主管应编制生产、流通、销售、人员的计划调度表，并定期更新共享给各班组长的生产统计分析报告。根据这些报告，车间主管可以制定生产、流通、销售、人员的计划调度安排。这些计划也可上传到云盘，并通过共享云地址的方式传递给特种食品公司的管理层，以一种可检查的方式确保数据的真实性。特种食品公司的管理层应建立特种食品公司的集团视图，特种食品公司的管理层可以在集团视图中同步查看和监控生产和经营情况。这样，可以实现特种食品公司的集中管理和高效调度，确保生产和经营活动的顺利进行。

第四层功能：特种食品公司层面决策。通过从信息化平台中查看，特种食品公司的管理层可以获得及时有效的真实生产信息，从而为公司的战略决策提供可靠的依据。

2. 信息的传递

根据上述网络结构的分布情况，网络中的信息会定期更新（例如每周更新，参考表7.1），各节点人员可以独立操作，从而节省了重复通知、提醒和确认的时间。系统在运行时，信息会自然传输，实现了生产信息化和自动化的目标。同时，如果出现问题，系统会实时改进，进行自我升级和迭代。

表7.1 每周更新的信息传递

信息更新节点	层级	信息的处理
周一	第一层	前一周生产数据录入、上传云盘
周二	第二层	生产数据提取、制作分析统计表、上传云盘
周三	第三层	分析统计表提取、制作生产采购人员计划、上传云盘
周四	第四层	生产采购人员计划提取、信息筛选、制定战略决策
…	…	…

3. 系统的优势

优势一：网络维护投资低。由于可以充分利用现有的手机、电脑和云空间资源进行联网，因此无须额外的资金投入，且在使用和维护过程中成本较低。在初始建设时，只需要投入有限的人力成本。

优势二：操作简便易学。通过输入或从手机中提取电子表格，各级人员都能轻松掌握操作技能。特别是对于不熟悉电脑和书写的人，更容易接受和掌握。

优势三：信息传递便捷，不受时空限制。可随时通过手机中的信息化平台实时上传和提取数据，打破了时间、地域和信息载体的限制，实现了灵活的信息传递。

优势四：多层次互联，灵活扩展。根据特种食品公司的实际组织结构，可以灵活增减级别，每个级别的人员都可以轻松上手。通过更新表格和简单的培训，可以快速开始工作。

优势五：系统安全性高。信息在系统组内传递，可以为各个级别设置不同的权限，确保数据的安全性和可控性。同时，系统还自动进行加解密操作，增加了信息传递的安全性。

(三) 特种食品流通与销售信息化系统的应用

目前，特种食品生产企业与上下游特种食品生产商之间的合作机会正处于数字化转型的阶段。然而，要从根本上提高特种食品生产企业的信息化水平，需要管理者充分认识到精益生产和生产信息化的价值和意义。这将是一项长期的工作，最终将改变特种食品行业每个人的行为和思维方式。在实施的过程中，效益会不断体现，改进是无止境的。在不断的改进和完善中，摸索出适合特种食品企业实际的信息化管理方法，推动特种食品生产企业的数字化转型升级，保持强劲发展动力。

1. 生产车间

随着特种食品企业生产规模的不断扩大和特种食品生产线的快速扩张，传统的生产管理方式已经无法满足实际需求。为了适应特种食品产业链上下游企业的数字化转型趋势，本单位积极开展精益生产改进项目，推动特种食品企业的生产数字化转型步伐，并在试点车间中实施基于精益改进思想的生产管理信息化改造项目，以提高生产效率和管理水平（图7.3）。

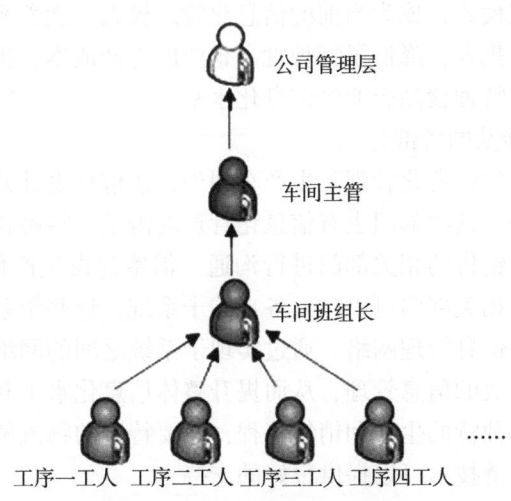

图7.3　特种食品生产车间架构

第一阶段：对特种食品公司的管理需求进行全面的分析和评估。了解当前管理过程中存在的问题、痛点和需求，明确希望通过信息化管理平台解决的具体目标和期望。根据需求分析结果，进行信息化管理平台的选择。考虑平台的功能覆盖范围、可定制性、易用性、兼容性等因素，并与不同供应商进行对比评估，选择最适合公司需求的平台。制定信息化管理平台的规划和设计方案。确定平台的整体架构、模块划分、数据流程和接口设计等，确保平台能够满足公司的管理需求并与现有系统和流程无缝衔接。根据设计方案，进行信息化管理平台的开发和实施工作。包括平台的软件开发、数据库设计、系统集成、测试和调试等。确保平台能够正常运行，并进行必要的培训和知识传递，使员工能够正确使用和操作平台。将现有的管理数据迁移到信息化管理平台中，并进行必要的数据清洗和整合工作。确保数据的准确性、完整性和一致性，并与平台的数据模型和结构进行匹配。为公司内部的员工提供培训和支持，使他们能够熟练使用信息化管理平台。同时，进行平台的推广和宣传工作，增强员工的宣传意识和积极性，推动平台的广泛应用。

第二阶段：信息化系统已开始正常运行。每月的第一天，标志着信息输入的开始。生产人员在每周一通过手机录入信息，将上一周的生产数据保存在云盘中。而在每周三，车间主管则会提取统计分析报告并制定生产、配送、销售和人员准备计划，并将计划上传到云盘中。特种食品公司的领导将在周四之后审查该计划，并根据计划做出重大决策。这是项目的执行阶段。

第三阶段：系统评估和改进。在信息化管理平台正式投入使用后，进行持续的监控和评估工作。关注平台的稳定性、性能、用户反馈等指标，并根据反馈结果进行优化和改进，以不断提升平台的效果和价值。在对系统的时效性、准确性、信息传递效果和输入进行评估和改进时，项目实施期间，生产人员、车间组长、车间主管、特种食品公司领导等各自发挥了重要作用，确保了信息在系统内的及时有效传递。在全体成员的紧密配合下，变得更加合理和高效。目前，中试车间的生产信息管理系统已经在一段时间内取代了原来的手工管理模式，成为当前的信息化管理模式。随着系统的稳定运行，逐步减少了系统维护的人力投入，降低了特种食品企业的生产成本，提高了车间信息化管理效率和生产率，提高了特种食品企业的信息化水平。

2. 流通与销售中涉及的各部分

特种食品生产企业的信息化管理除生产车间外，还包括设计开发部、市场部、质量安全部、综合管理部等。这些部门也有信息化管理的需求。特种食品生产企业的管理还需要与特种食品流通、销售的相关部门进行沟通。借鉴建设生产信息管理系统的思想，特种食品流通、销售的相关部门可以建立各自的子系统，这些子系统可以有机整合，形成整体的特种食品企业信息管理网络。通过实现子系统之间的网络化和云空间扩展，特种食品企业可以实现高效的信息管理，从而提升整体信息化水平和管理水平（图7.4）。

特种食品因为具有独特的生产和销售流程，需要特别的物流架构来确保其质量和安全性。在这方面，区块链技术可以提供很好的支持。

首先，在运输方面，特种食品通常需要在特定的时间内运送到目的地，因为这些食品的保质期相对较短。此外，这些食品可能需要遵循特殊的运输条件，例如低温或干燥

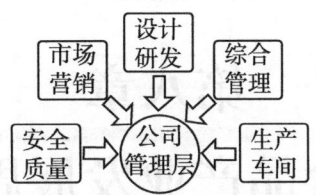

图7.4 特种食品公司与特种食品流通与销售相关部门子网络互联

环境。因此，在特种食品的运输中，物流公司需要使用专业的设备和车辆，并确保运输的过程中食品不受损害。区块链技术可以通过记录运输过程中的各个步骤，例如温度和湿度，以确保运输条件符合特种食品的要求。此外，区块链还可以记录每个参与方在运输过程中所承担的责任，以便在发生争议时进行追溯。

其次，在仓储方面，特种食品通常需要存放在特殊的条件下，例如低温或防潮环境。物流公司需要确保仓库符合特种食品的存储要求，并且可以追踪食品的存储情况。在这方面，区块链技术可以记录每个特种食品的存储历史，以便在需要时追溯其来源和存储条件。

最后，在过程管理方面，特种食品的生产和销售过程可能需要遵循特殊的规定和标准，例如有机食品的认证和草药食品的质量控制。物流公司需要确保这些规定和标准得到严格遵守，并且可以追踪每个特种食品的生产和销售历史。在这方面，区块链技术可以记录每个特种食品的生产和销售历史，并记录每个参与方在这个过程中所承担的责任。这有助于保证特种食品的质量和安全性。

综上所述，特种食品的物流管理需要特殊的物流架构和技术支持。区块链技术可以记录每个特种食品的运输、仓储和过程管理历史，以确保特种食品的质量和安全性。

第八章
分析特种食品产业发展思路与实践

第一节 特种食品产业高质量发展体系构建

除了进行智能化、信息化等转型和改造,特种食品的发展还有很多思路和实践,能够帮助特种食品产业走向高质量发展道路,这就需要各方的努力,一起探索高质量发展体系的构建。

一、政府开展双升等工程实现高质量监管

近年来,特种食品行业发展迅猛,各地政府积极推进双升工程,以提高企业质量安全管理水平和监管水平,实现高质量发展和高水准监管,为消费者提供更加安全、健康的特种食品。政府的监管内容大致包含如下方面。

(一)加强企业的质量和安全管控

健全食品安全管理体系。为了保证食品安全,必须完善食品安全管理体系。首先,建立以企业负责人为首要责任人的管理机构,将相关部门整合进去,明确各部门责任,鼓励机构内人员积极参与监管部门的例行抽查,以确保产品质量得到有效监管。其次,健全质量管理系统,确定质量方向,设定质量目标,严格控制和保证质量,并明确每一环节和岗位在食品安全管理中的责任。最后,加强培训考核。实施"新员工培训、新标准执行、新SOP落实"三项制度,评估培训情况,只有考核合格者才能上岗。

深入落实特种食品的"三标"行动,对企业做出严格要求。①实现标准承诺,通过注册或备案的工艺流程,将实行标准制作为"操作规范须知"等管理看板,并根据最新情况进行及时的更新。②精确实施生产,对产业的生产全程进行跟踪,确保配方、原辅料、生产工艺等严格满足生产标准。③在产品出厂交付的时候严格检查,把产品的各种指标进行综合鉴定,鉴定合格后产品才能正式出厂,另外定期对产品鉴定部门进行检查指导,对鉴定中发现的产品问题及时上报并提交问题报告和整改要求。

建立全过程追溯体系。为了确保特种食品的高质量和安全生产,需要推动建立全过程追溯体系。首先在企业的内部进行,根据企业或政府制定的已有的生产规范要求来构造特种食品的生产追溯系统。其次,在政府的提倡下,使用食链追溯系统,特种食品企业可以通过此追溯系统实现对生产产品销售流向的信息化追溯。

搭建有效预防体系。首先,对供应商进行选拔。按照对产品品质的要求,对供应商

的生产经营情况等进行全面的评估，同时建立合作供应商的黑名单，确保参与合作的供应商始终保持高标准的原料和设备。其次，加强对重点原料的控制。建立重点原料的控制机制，针对特种食品企业，重点控制一些产品种类，如减肥类、辅助降血糖血压、缓解体力疲劳、提高免疫力等的产品，这些种类的产品可能会在原料中非法添加药物。生产婴幼儿配方乳粉的企业需要对原料乳粉进行检测；为了满足特殊医疗领域的消费者的健康需求，特别是在生产这类食品的过程中，必须严格把关，包括对其中的主要成分的检验、分析、评估、分类、比较。另外，必须建立完善的管理机制，实施严密的监管，有效地避免各类风险的发生。为了保障消费者的健康，所有的工厂都必须严格遵守相关的流程，包括对原料的检测和检疫。针对某些疾病的产品，消费者更加谨慎地选择和使用。

加强预警和自查能力，包括建立风险预警机制和强化召回管理，以提高产品质量和安全性，提交季度和年度自查报告。一方面风险预警机制包括收集舆论暴露的行业问题信息，监控非法添加剂、农药残留、重金属等风险。提前检测、评估和预防食品安全风险。另一方面召回管理包括为每个级别创建一个召回计划，每年进行一次召回演习，如果生产和经营的食品被认为存在安全问题，根据《食品召回管理办法》规定的三级召回程序，应最快速度地启动召回程序，完成召回工作，以确保消费者健康和安全。

(二) 加强供应链价格管控

生产特种食品的企业通常非常重视分销和销售定价。因此，建立了严格的价格控制系统，用于分销和销售中的日常成本管理。由于特种食品的日常配送和销售中涉及大量的材料，价格可能会发生波动，从而影响最终成本。为了解决这一问题，有必要根据特种食品公司供应链的变化，逐步加强对分销和销售定价的管理和控制。这可以通过增加相应的职位，进行定期分析，并根据市场价格的变化调整分销和销售计划来实现。计算价格差异，并通过考虑质量、寿命和用户体验等因素来确定分销和销售的最佳解决方案。对日常运营的管理控制进行调整，确保分销和销售部门不断了解市场价格。

将价格分析和管控与生产特种食品企业的供应链管理结合，形成正向的管理关系，并制定有针对性的物资流通和销售计划，为了更有效地实现经济目标，我们建议使用动态化的成本管控方法，这样就能够替换传统的单一方法，并且能够更好地提升整个组织的运营效率。在现实操作中，利用大数据技术提高供应链价格处理效率，快速分析市场价格浮动情况，调整价格应用强度，合理控制物资流通和销售价格，进一步保障生产特种食品企业的成本管理（石红伟，2009）。

(三) 提升特种食品监管水平

加强对特殊食品生产的监督检查，确保生产过程符合相关标准和规定。采取以下措施：一是增强许可和监管的协同效应。通过建立信息推送机制，实现备案和许可等信息的及时共享，对新获得特殊食品生产许可的企业，在获得许可后3个月内开展首次监督检查，需要特别关注在之前许可核查中发现存在的问题是否得到改善。同时，完善监督检查体系，综合使用多种检查方式，包括日常检查、体系检查和"双随机、一公开"检查等。此外，应加强对体系检查的效果进行监督和管理。每年，省级食品药品监管部门都会对所有婴幼儿配方乳粉、特殊医学用途配方食品以及20%的保健食品生产企业进行体系检查。市、县级食品药品监管部门将督促企业对发现的问题进行整改，并形成问题整改检查报告。对于未纳入体系检查的企业，将优先进行整治。

加强全品种的监督抽检，采取以下措施：首先，实现对生产企业全面的监督抽检，并且在抽检前对监管人员进行监督检查。一旦发现抽取样品存在问题，相关部门将依法对相关企业采取行政处理。同时，加大对非法添加物质的抽检，例如三聚氰胺、减肥类、辅助降血糖、缓解体力疲劳、提高免疫力和辅助降血压等保健食品，将进行全项目的监督抽检。其次，全面提升特殊食品的抽检能力，进行食品安全抽检分离改革，并且由市、县局监管人员负责保健食品的抽样工作，并尝试盲检以提高抽样工作的公平性和权威性。还应加强检验机构设备设施配备和检验人员教育培训，提高特种食品检验检测能力。对抽检监测数据进行多维度分析，为风险排查和风险防控提供依据。最后，对不合格食品的核查处置必须严格按照"五到位"的要求进行。各地将根据相关规定开展核查处置工作，确保产品得到有效控制、原因得到彻底排查、整改工作得到全面落实以及行政处罚得到准确实施。

加强风险分析和防控工作，采取以下具体措施：一是实施风险分级管理，建立新型监管机制，根据企业信用风险分类指标体系，加大对特种食品生产经营单位的监督检查和监督抽检频率，提高监管效能；二是不断更新风险防控清单。建立风险会商、分析评估机制，每半年更新风险防控清单，开展针对区域性和行业性特种食品风险隐患的综合会商和专题会商，开展风险防控；三是开展重点环节专项治理，以特种食品代理商等为重点对象，对其开展专项整治，重点针对区域特色鲜明、受到群众广泛关注的品种，重点治理问题为非法添加、标签说明书不规范、夸大虚假宣传等，以消除风险隐患。

发挥"一企一档"的作用，"一企一档"的重要性在于它能够帮助我们更好地保障食物的安全。为了实现这一目标，我们将采取使用"一企一档"来制定一套完善的食品安全信用记录档案，并在我国中小企业信用信息发布体系中进一步改进。这些档案将涵盖企业的基本情况、生产许可、产品注册和备案情况、质量和安全管理情况、企业的自我审核结果、食品召回情况、监督检查情况、监督抽样情况、行政处罚情况、投诉和举报情况、媒体曝光情况。通过实施并记录在案的管理机制，我们可以实时跟踪并调整公司的档案，以便及时响应市场变化，确保档案信息及时准确。针对企业生产经营情况和监管信息进行一对一监管。这可有针对性地提升监管效率。

为加强特种食品监管队伍建设，可以采取以下具体措施：首先，保持监管队伍的稳定性，聘任有高度责任感、专业能力出众以及过硬作风的监管人员来充实到特种食品监管工作岗位上，确保监管人员队伍的相对稳定性；其次，多渠道、多形式地开展培训工作，包括现场培训、网络培训以及以检带训等方式，有针对性地强化对特种食品监管人员的技能与水平进行提高；最后，创新实训基地培训模式，可在特种食品生产企业较为集中的地区设立实训基地，对监管人员进行实地检查工作的实际培训，进而打造一支高素质的专业化检查队伍。

(四)保障措施

各市政府需高度重视特种食品监管工作,确保食品安全问题得到有效解决。首先,各地应明确责任单位,明确各个环节的责任主体,确保各项工作得到有效实施。其次,各市政府应制定详细的工作措施,细化各个环节的具体任务,为工作的推进提供明确的方向。最后,建立定期调度机制,以便实时掌握各项工作的进展情况,确保工作的顺利进行。省级监管局将重点工作完成情况纳入考核,旨在通过严格的考核机制,推动各地特种食品监管目标的实现。

产管两端发力:在产业管理方面,政府部门应鼓励企业设立研发机构,以便对特种食品的质量与安全进行持续跟踪。这样,企业可以建立健全的质量安全管理体系,确保特种食品的质量稳定可靠。同时,政府部门还需严厉打击违法违规行为,营造公平竞争的市场环境,提高特种食品行业整体水平。

创新监管方式:为了提高特种食品监管效率,政府需要健全监管体系,综合运用多种手段,如备案许可、监督检查、抽检监测和稽查办案等。此外,推进"互联网+监管"、信用监管和风险分级融合,利用现代科技手段,实现对特种食品全链条的高效监管。

注重宣传引导:加强对企业的宣传引导工作,将"双升"工程作为宣传重点,提高企业对特种食品监管重要性的认识,促使企业自觉遵守相关法律法规。同时,组织监管人员加强学习,提高监管能力,确保各项措施得以落实,为特种食品行业的健康发展提供有力保障。

二、企业的高质量发展之道

(一)精益求精严格品质管理

对于原料,逐步采用全球采购机制,先从国内进行低成本采购,逐步采取全球的采购,采购确保原料品质。厂房按美国和欧盟等多国标准设计。在生产过程中,对各个环节严格把控一丝不苟。引进国际先进的检测仪器设备,确保检测方法科学有效,以及产品的有效成分、纯度、强度、组成及杂质限度等真正符合要求。除了先进的生产、检测设备,设立现场质量监督员监管生产的各个阶段,严格把关,确保"出关文牒"的准确性,并由质量管理者认真审核并签署,以确保"出关文牒"的准确性。对于品质的监管,企业可以建立 HACCP 体系:HACCP(危害分析与关键控制点)是一种科学的食品品质管理方法,旨在从源头预防食品安全问题。食品企业通过识别食品生产过程中的危害因素,并对其进行控制和监测,以确保食品的安全。实施 GMP:GMP(良好生产规范)是一种全面的食品生产标准,旨在保证食品生产过程中的卫生和质量。食品企业通过遵循 GMP 标准,以确保生产环境的卫生、原材料的合格,以及产品的质量。实施内部审核:食品企业应该定期对其生产过程和品质管理体系进行内部审核,以确保其符合相关标准和要求。定期检测:食品企业应该定期对其产品进行检测,以确保其质量和安全。这包括对原材料、生产过程和成品进行检测。建立追溯系统:食品企业应该建立追溯系统,以确保食品的安全和质量。从原料采集到成品上市,在各个环节都严格管控。

（二）不断创新产品与服务

创新意味着要以领先的思维和做法来应对时代的需求和趋势。这需要对新思想和观念保持开放态度，对变化做出灵活反应以提高企业竞争力和参与国际竞争，实现永续经营的目标。同时，全面动员组织和员工的创新力量，不断探索并超越其他同行，努力实现具有革命性的、颠覆传统的、具有挑战性的创新，使创新的理念深入人心，激发出我们的潜能，勇于挑战传统，不断推动发展。创新不仅仅是口号，更需要真正实施。这样，企业才能实现基业长青和永续发展。

企业应不断在产品和经营方面追求创新和进步，以提供最贴心和完善的产品和服务质量，赢得消费者的信任和尊重，使其成为企业永续经营发展的基石。

以持续创新为驱动力，通过不断的产品创新与配方创新打造尖端科技产品，支持客户在行业内的领先地位。通过精准定位满足不同细分人群的需求，为消费者提供定制化的特种产品。不断开展营养品口味创新研究，持续为消费者提供口感均衡、余味清爽的美味产品；不断推出满足不同消费者品位的包装形式，持续为消费者创造便捷、愉悦的购买体验；针对全球食品产业的发展趋势，不断推出新型的特种食品产品，满足不同消费者的需求。

（三）定制营养，精准管理健康

了解市场需求，通过调研、分析等方式，了解市场需求，确定特定产品所需营养类型和方向。建立定制服务模式，根据市场需求，建立适合的定制服务模式，例如线上咨询、线下体验、快速定制等。加强与专业人士的合作，与营养师、医生等专业人士合作，加强定制营养品的专业性。提供高质量的产品，保证定制营养品的高质量，确保产品安全。组建高素质、高水平的健康咨询专业人员队伍，并邀请身心健康学家、营养学家等各行业精英，全方位为消费者解答问题，精准涉及健康营养管理的方方面面。关注用户体验，注重定制营养品的使用体验，关注客户反馈。定期评估与调整：定期评估定制产品业务情况，根据市场需求和客户反馈进行调整。在企业的发展路上，一定要保持敬畏之心，通过优质的产品与服务，善待、回报每一位消费者。

（四）环境管理，打造环境友好型企业

为了实现资源消耗低、环境污染少的新型工业化生产，需要不断加强环境目标的管理和责任制度。为此，可以成立安全环保中心，负责统筹和组织各下属公司的环境管理工作，并明确相关管理职责的分工。

严格遵守环境保护相关的法律法规，制定管理规范来明确项目实施的过程中应履行的环保职责，以低碳运营、资源管理和排放管理高效有序地开展环保工作。

通过环境认证，证明公司的生产环节和产品具有环保特点。可以采取以下措施：①选择适当的环境认证标准，例如 ISO 14001 环境管理体系认证、BS 8555 认证、EMAS 环境管理体系认证、Carbon Trust 认证等；②建立环境管理体系，制定环境管理规定和流程，明确责任人；③环境风险评估，评估生产环节和产品对环境的影响；④实施环境管理措施，提高能效，减少废弃物和污染物的产生；⑤进行环境认证审核，按照认证标准进行审核，证明公司已经达到了环境认证要求。通过以上措施，食品企业可以证明其

具有较高的环境管理水平,从而为消费者提供更安全、更健康的食品产品,同时也有助于保护环境。

针对环境保护事宜,我们必须认真策划并迅速落地。遵循"十四五"的政策,并根据当前的发展情况,制订一份完善的《碳减排总体方案》。应当重点关注如何改善我们的产品、服务、市场策略,并努力推广更多的绿色产品,并不断探索更有效的方法,以期最终实现我们的绿色发展。能效评估,评估能源使用情况,发现能源浪费的地方;设备改造,对生产设备进行改造,提高能效;节能设备使用,使用节能设备,例如节能照明、节能空调等;能源管理,建立能源管理制度,定期监测和评估能源使用情况;员工培训,培养员工的节能意识,让员工在工作中践行节能理念。通过以上措施,食品企业可以有效地节约能源,降低生产成本,同时也有助于减少对环境的影响。

使用可持续材料,减少浪费。食品企业在使用可持续材料方面可以采取以下措施:①选择可持续包装材料:使用可回收的包装材料,例如纸质包装、可降解塑料包装等;②减少包装:在不影响食品安全的前提下,尽量减少包装使用量;③推广循环利用:推广循环利用包装材料,例如提供回收点,鼓励消费者回收包装材料;④使用再生材料:使用再生材料生产包装,例如使用再生纸浆生产纸质包装;⑤对供应商实施环保要求:向供应商实施环保要求,推动全产业链走向环保型发展。通过以上措施,食品企业可以有效地减少对环境的影响,同时也有助于提高企业的环保形象。

优化资源利用,致力于水资源的合理使用,制订严格的水资源消耗目标,为了更好地管控水资源使用,应定期向相关部门发布信息并跟踪执法,并建立一套完善的监督机制,以确保所有相关部门都遵守相关规定。另外,探索节水技术和设备,在各个用水的生产环节进行设备优化和更新。探索水再利用的可能性,在合适的工序进行水资源的循环利用,降低水耗。探索轻量化包装,采用更少的原料,降低污染,坚决杜绝过度包装。在保障产品安全和消费者体验的基础上,不断探索能够减少包装材料使用的可能,寻找可回收、可循环的方法。

严格管控各工厂的污染物排放和处理效果,采用物理、化学和生物相结合的方式,对生产废水进行处理,推行清洁生产,从源头上减少污染物的产生量,实施综合治理。此外,不断升级改造污水处理站,提高处理效率,降低污染物排放浓度,减少环境影响。

第二节 特种食品集群发展方向

一、政府提供支持,充分发挥导向作用

政府在食品产业的集群中可以提供多种支持,以下是一些具体措施:①资金支持:提供资金支持,帮助食品企业提高科技水平,提升竞争力;②土地便利:提供土地便利,帮助食品企业建立生产基地;③技术支持:提供技术支持,帮助食品企业提高生产

效率，提升产品质量；④市场开拓：帮助食品企业开拓市场，提高销售量；⑤政策扶持：提供政策扶持，如税收优惠、贷款认证等；⑥人才培养：帮助食品企业培养人才，保证生产安全；⑦认证支持：提供认证支持，帮助食品企业获得国际认证，提高市场信誉。

各级政府一要健全制度，创造良好的发展环境，要落实特种食品产业集群的优惠政策，重点支持特种食品产业集群加快发展；二要树立服务意识，提高服务水平。在各个单位进行相关管理的过程中，要由管理为主转变到主动提供服务，对特种食品企业的方方面面提供细致的服务，促进企业的发展。主动为企业减少成本开支，为初创企业尽快提供行政审批和税收减免。

同时，也应认识到市场在产业集群中发挥着主导作用。相比政府，非政府组织的干预在市场中则更有效果，政府最好避免使用强制性的规定来对特种食品产业集群的发展设置条条框框，应该更多地设置非限制性政策，在为有需要的企业提供服务外，还需要对集群内的不守诚信、搞垄断、没有活力的企业进行监管和惩罚，积极促进集群的活力。非政府组织具有特有的灵活性、专业性，由其为企业提供建议和帮助，可以弥补由政府主导的企业灵活性差的特点。

二、抢抓机遇，全面提升特种食品产业集群发展水平

特种食品产业面临着许多发展机遇。从食品工业发展外部环境看，食品产业的发展，关系经济社会发展全局，关系国计民生大计。目前，我国东部地区食品原料基地受到种种条件的限制，发展空间有限；加工食品消费水平较高，市场趋于饱和，进一步扩展本地市场容量的空间有限，产业转移步伐明显加快。应利用较为充足的农产品和劳动力等资源和交通区位优势，为招商引资和产业集聚提供产业品牌优势，承接发达地区食品产业辐射、转移。再加上随着人民生活水平的不断提高、小康社会进程的加快、消费结构的升级，为食品工业提供了巨大的生存空间和发展空间，有利于特种食品产业加速扩张。从国家对特种食品产业发展的态度看，由于特种食品行业是新型的食品产业，有着无限的机遇，其在食品工业中具有起着重要的引领作用。因此，各级政府应制定许多鼓励政策，支持产业发展。特种食品产业大发展的机遇已经到来。下一步，要进一步立足本地、面向全国、放眼世界，用新观念认识食品产业、用新思路谋划特种食品产业、用新技术开发特种食品产业、用新举措进行扶持，着力打造更多的食品加工基地、食品交易基地、食品研发基地，实现食品产业集群跨越式发展。

三、龙头企业带动，打造全国最具影响力的特种食品加工基地

一个地区的产业发展和经济进步，一定需要龙头企业的带动。龙头骨干企业在加快产业集聚，推动产业集群发展中起着非常重要的作用。要支持现有重点食品企业新上项目、技术创新、开拓市场和争创名牌，培育一批跨国跨区域发展的大型特种食品企业集团，形成一批全国乃至世界食品行业龙头企业，发挥其辐射、示范、信息扩散和销售网

络的产业龙头作用，引导社会资源向龙头企业集聚。要强力推进特种食品企业的战略重组，既要推进境内食品企业联合重组，又要鼓励食品企业走出去，引导现有食品企业同国内外知名食品企业、知名品牌对接，筛选优质项目，主动出击，进行战略性重组。要把重点放在世界500强、中国500强和省外优势企业上，强强联合，迅速提升技术水平，增强技术实力，扩大产业规模，提升市场竞争力，实现特种食品的经营企业从做产品到做品牌，再到做标准的跨越。要加大产业招商引资工作的力度。充分发挥品牌效应，加深对产业链条的研究，瞄准境内外知名食品企业，实施战略性引进，广泛开展对外合资合作，促进产业集群迅速实现量的扩张和质的提升，打造全国最具影响力的食品加工基地。

四、市场带动，打造全国有影响的特种食品交易基地

加强食品物流、仓储、口岸等基础设施建设，鼓励发展和引进食品行业大型物流项目，积极培育发展大型食品物流企业。注重与境内外餐饮、美食等行业协会建立紧密的联系，组织开展区域性、全国性餐饮比赛和美食名吃有奖评比活动，可以举办特种食品的博览会，不断创新办会模式，提高办会水平和档次，逐步办成国际性的食品盛会，搭建更广阔的食品展览交易平台。积极筹建名牌食品展览展销中心，吸引境内外知名食品企业设立区域性分销中心，规划建设大型食品专业批发市场、采购现货市场。健全完善联通境内外知名食品企业、食品批发交易市场的信息网络，大力发展特种食品产业中介服务，经常组织开展各类名牌食品推介、展览和交易活动，推进名牌食品展览展销活动常态化，使全国乃至世界各地名牌食品具有充分展示的平台。

五、科技带动，致力打造全国有影响的食品研发基地

高度重视食品产业自主创新，进一步建立以企业为主体、市场为导向、产学研相结合的技术创新体系。利用重点食品企业，加强食品企业研发机构和技术中心建设，早日建立国家级特种食品研发机构。加大运用高新技术和先进适用技术改造传统食品产业的力度，重点推进生物技术与食品产业相结合。按照多元、经典、健康、安全的要求，引导特种食品企业开发拥有自主知识产权的新技术、新产品，争创名优品牌，引领市场消费。以高层次特种食品研发机构和特种食品龙头企业为依托，不断推出创新成果，并注重运用现代信息化传媒广泛发布。实施食品人才培养工程，加快培养食品专业技术人才、研发人才和管理人才。鼓励和支持具备条件的学校，围绕培养高层次食品人才。完善引才引智的优惠政策，依托当地人才市场，建设人才专业市场，加强与境内外特种食品研发机构和重点食品院校的联系，定期举办人才交流会，吸引境内外食品行业优秀人才创业发展。

同时，互联网的发展使得一些科技的获取变得方便，科学技术也逐渐走向全球化。集群里的企业应该拥抱全球，引入全球的人力、技术、管理经验等资源，使国内外的资源聚集在集聚区里，增加参与国际合作研究的能力，进而从各种渠道得到新的知识和经

验。同时，在引进先进技术过程中，要提高引进科技创新型企业层次，通过给予税收、土地、人才、服务等方面的多种优惠措施，欢迎国内外知名的科技创新型企业入驻食品产业集聚区，进行本地化开发。积极鼓励集群内企业与国内外知名的科技创新型企业、科研机构进行合作交流，加快自身战略规划的制定，改革管理创新方法，提高新技术研发能力。

六、人才带动，注重人才培养

人才资源是企业在激烈的市场竞争中保持优势的重要条件。因此，在集群发展过程中，我们要重视对高素质人才的引进与培养。

（一）注重人才培养

食品产业要优化产业结构、转变经济发展方式，就需要企业员工具备过硬的专业素质、足够的团队经验和优秀的学习能力。一方面，要建立健全对从业人员实施再教育的培训体系，鼓励员工自发学习或通过相关福利政策进行自我提升，同时，也要加强对新技术、新发明的学习与认知，使他们具备洞悉产业未来发展动态的能力，能为企业的健康发展积极献策；另一方面，加强与高等院校的合作与交流，有计划地培养不同层次的专业化人才。通过企业与高等学府的对接实现人才培育与岗位需求的最佳配合，并积极创造条件与国际接轨，筹建战略性新兴产业管理人才培训基地。通过分行业的专门培训或选派员工赴国内外高校或企业进行学习等方式，打造水平高、能力强的人才队伍。

（二）建立合理用人机制

高层次专业化人才是企业进行科技创新的重要力量，其数量和质量决定公司在国内外的竞争实力。然而，当前许多企业都面临着人才培训成本高、核心人才流失等严重问题。因此，产业集群内各企业必须建立和完善员工的选拔和奖惩的机制，真正实现"公平、公开和公正"的目标。在晋升方面，要合理设定评比标准，尽量对每一标准进行量化，做到科学、客观、可操作。在激励方面，要奖惩分明，鼓励公司有条件的员工拥有期权、股权，以提高员工积极性。此外，也要注重核心文化的建设，重视员工的心理需求，注重员工的诉求，推行独特的企业文化，逐步培养员工的归属感和幸福感。企业从上到下都要深入贯彻和执行企业文化，不断地增强员工的凝聚力和向心力，营造和谐、严肃、团结、活泼和竞争的气氛。

第三节　特种食品产业生态构建实践

构建完善专业的特种食品产业生态，必须打造出全面的特种食品产业主链条，把发展以机械制造、材料制造为代表的特种食品相关制造业和以物流、安全为主的服务业放在首位，加强特种食品产业发展环境建设，打造出对特种食品产业有利的生态环境，把产业主链条做大做强。

为了促进产业的转型升级，企业需要积极向高收益和高附加值的产品转型，占领产业链的上游。为实现这一目标,企业要推动科技创新,创新应用于新产品,以满足城乡居民对安全、多样、健康、营养和便捷食品的需求,促进食品工业的转型升级。政府可以加快食品企业的创新发展,鼓励企业利用专利进行融资,并加快建设创新创业空间,提供综合服务平台以支持各类科技人员的创新创业。此外,政府可以推出每年新产品上市量的排名和奖励,以鼓励企业不断创新,满足消费者的需求。

为了满足特殊产品的需求,企业需要加强冷链物流的建设,并向周边地区的物流中心发展。为此,企业可以采用大数据和平台化等策略,打造有国际竞争力的冷链物流标杆企业。政府可以增强对本土冷链物流、电商和快递等第三方物流企业的扶持,促进它们的发展和壮大。"全链条、网络化、智慧型、高效率"是打造现代化的冷链物流网络的重要组成部分,它的目标是打造一个全球性的冷链物流中心。为了更好地推动冷链物流行业的发展,应采取更有力的措施,包括实施更严格的开放式招商政策,鼓励全球顶尖的物流公司、著名的快递公司、电子商务公司及其他第三方电子商务平台在当地建立区域性的总部、物流基础设施及分拣配送中心。

为了促进食品行业的发展,应利用优质资源,鼓励整个供应链的整合。目的是促进食品相关行业之间的合作,加强重点企业的主导作用。重点打造食品产业高端发展示范区,致力于打造产业特色鲜明、配套服务完善、分工协作精细化的区域。政府将加强吸引食品行业的投资,瞄准重点企业,同时也要采取措施适应产业转移。

利用技术进步,特种食品行业将通过学术界、产业界和研究机构之间的合作进行转型和升级。将鼓励与当地农业大学和研究机构的密切合作,以促进人才开发和技术突破。探索建立专门的食品工业技术研究机构,通过"产业技术研究+产业基金+产业化公司"模式建立一个覆盖全球的产业创新联盟,其中包括若干位来自各个行业的顶尖技术人才,以推动行业发展。此外,应大力发展职业教育,采用"订单式"培养模式,开展校企合作,以储备人才支持企业发展。政府将制定吸引人才的政策,实施"人才引进工程",加速科技成果的转化。除了生产研发技术,还可通过技术提高效率:建立一个更可持续的食品工业的关键方法之一是采用提高效率和减少浪费的新技术。这包括利用数据和技术来优化农作物的产量和质量以及利用智能包装帮助延长食品的保质期。通过减少浪费和提高效率,这些技术可以帮助减少食品行业对环境的影响,使其更具长期可持续性。

继续和"绿色食品、安全食品"相关的监管部门保持密切的联系。致力于打造一套完善的食品安全标准,并且与其他行业和地方的企业进行交流,共同打造一套更严格的食品安全管控制度。充分利用公共媒体,加强宣传。积极举办农业节庆活动和相关博览交易会,强化宣传效果。总结成功经验和主要做法,提升特种食品的公信力。加强与媒体的沟通,利用媒体引导和推动特种食品发展。加强对外交流合作,提升特种食品的国际影响。

电子商务现在发展得非常迅猛,受到了广大消费者的青睐。电子商务在满足消费者需求方面具有无可比拟的优势,特别是在互联网技术的普及下,更加显得重要。在特种食品领域,建立一个综合平台显得尤为必要。因此,我们提出了一种新型的特种食品电子商务模式,即基于线下特种食品展会,将线上和线下相结合的电子商务模式。个体食品商家可以在平台上自行入驻，但其生产的食品必须通过严格的审查和检测，以保证其质量和安全。消费者可以通过该平台购买所需的特种食品，同时该平台也作为一个行业信息交流平台，提供最新的行业信息以及专业咨询服务。此外，该平台还设有特种食品讨论区，消费者可以在其中进行讨论和交流，并提出对于特种食品的意见和建议，同时该平台也会根据消费者的饮食习惯提供个性化的商家推荐，为消费者提供更好的特种食品选择。

坚持扶优扶强，培育龙头，扶持骨干，通过各种渠道，如财政拨款、发放优惠贷款、引导社会资本等，提供资金支持，帮助龙头食品企业扩大规模、优化结构、提高效率。还可以出台一系列税收优惠政策，如减免企业所得税、优惠税收政策等，减轻企业的负担，提高其盈利能力和市场竞争力。政府可以通过采购政策，鼓励和支持龙头食品企业提供优质的食品和服务，促进企业的发展和壮大。

壮大行业协会。行业协会在各方面都发挥着应有的作用。行业协会能够遵循其成立的目标，加强食品行业的规范和加快行业内各个企业的成长，促进特种食品企业的发展，引领食品产业升级。

鼓励替代商业模式。必须鼓励优先考虑消费者健康和福祉以及环境的替代商业模式。这既包括鼓励消费者直接支持当地农民的社区支持农业项目，也包括将技术和可持续性作为其商业模式核心部分的创新食品公司。通过鼓励这些替代商业模式，我们可以帮助建立一个更加可持续和公平的特种食品行业。

建立一个可持续和公平的食品行业需要多方面的策略。通过采取这些步骤，我们可以为所有人提供健康和负担得起的食品，同时减少浪费，保护环境，促进公共健康。有了正确的政策和投资组合，就有可能创造一个既可持续又公平的特种食品产业生态系统，为所有人带来好处。

第四节　特种食品产业发展规划总述

以上对特种食品产业进行了分析，本节针对特种食品产业的发展规划进行总结。

特种食品是近年来新产生的产业，其在早期常被归为战备物资，能够帮助特殊行业的工作人员适应特定环境，后来我国法规对这一类食品进行了概念拓展，并称作"特种营养食品"，特种营养食品是指在加工过程中，通过改变食品的营养成分或含量，使其能够适应特定人群的特殊营养需求。例如，以调节营养素比例和营养素浓度的方式来满足特殊人群的营养需求。

为响应战略政策及市场需求，我国大力支持特种食品产业的发展。国内目前对特种食品产业的布局属于起步阶段。在产业机构建设方面，中国食品工业协会特种食品2781工作委员会于2022年在北京成立，开始围绕特种食品产业发展提供支持与帮助。在产业法规方面，国家尚未对特种食品做出针对性的法规，但能够通过现有的其他类别食品法规进行生产。在标准体系方面，国内尚未对特种食品行业出台标准法规。因此，相关地区及食品企业可提前进行特种食品产业布局，抢占行业领头位置，有利于争夺标准话语权。

我国的特种食品产业发展处于初级阶段，因此为了加快特种食品产业的发展，有必要研究特种食品的发展现状，对发展趋势进行合理的预测和分析，为特种食品产业的发展保驾护航。

中国特种食品市场在过去几年中一直呈现出快速增长的趋势，这主要是因为人们越来越关注健康和营养，同时也意识到特种食品的重要性。随着中国人口老龄化趋势的加剧，保健食品和婴幼儿配方食品市场的需求也在不断增加。

对特种食品产业发展规模预测的研究，首先我们要全面了解特种食品行业的市场现状，其次构建行业分析框架，可以采用客户渗透率的分解方法，然后根据分析框架，查找整理历史数据，列出分析框架后，需要找到行业数据，预测未来3~5年的相关变量，找到并整理历史数据后，就可以开始思考和预测未来它的数据增长情况。最后总结市场预测模型，形成一个合乎逻辑的、可论证的、可交付的结果。随着我国经济社会的快速发展，人们对健康需求的不断提高，消费理念不断升级，国内特种食品行业市场规模在不断增长，并将在一段时间内持续扩大。根据中研普华产业研究院发布的《2022—2027年中国特医食品行业市场深度调研与竞争预测报告》预测，未来几年，市场规模有望达到千亿元，预计未来几年保健食品行业发展规模将保持快速增长态势。

供应链在食品产业中非常重要，涉及食品的生产、加工、运输、存储和销售等各个环节。供应链可以帮助食品产业实现成本控制，因为它可以优化生产和运输等环节，并帮助企业降低成本，因此需要对特种食品产业的供应链进行研究。对于特种食品的供应链结构与体系搭建，我们可以研究产业研发体系的搭建，应注意研发体系要成为一个高度整合的系统，高校需搭建自身的产业研发体系，相关高校对企业研发提供支持。对于供应链体系的设计，需要建立一个管理架构，设置的部门和特设人员都能独立进行工作，并互相合作，对于该管理架构针对具体情况可以进行修改。

在特种食品的产业发展中，智能化建设必不可少。如今的工业界高度智能，各种高新技术的应用迭出，我们理应在特种食品的生产中实现制造与生产智能化。特种食品行业进行数字化和智能化的转型是必然趋势，也必将是特种食品制造业持续高质量发展以及迎来新一轮大的增长点的关键突破口，为了顺应时代潮流，我们应大力进行制造和生产化的改造。

流通与销售的信息化改造是特种食品产业数字化转型的基础和重要环节，只有通过信息化手段进行数字化转型，才能适应市场变化和未来发展趋势，保持竞争力和发展动力。目前流通与销售现状存在很多问题，管理不完善、人员不专业、没有质量考评专业标准、管理模式单一、信息系统安全问题突出。信息化改造前，传统的特种食品流通与销售管理方式缺乏专业高效的信息管理系统，而只能采取纯手工的方式对特种食品流通销售信息进行维护、查看、浏览、查询、统计及各类报表输出操作，数据管理效率不高。信息化改造后可以实时显示物流信息，使特种食品流通和销售企业能够及时了解到货物的具体状况，提高物流的效率和准确性。客户也可以通过信息化平台实时查询物流信息，提高服务质量和客户满意度，提高服务的时效性和透明度，由此建立起一套信息化、标准化、规范化的特种食品流通与销售信息管理系统。能快速发现并解决流通和销售过程中的问题，减少货物损失和延误，降低运营风险。

　　特种食品的产业发展亟待各种转型和改造，我们可以在持续的转型改造过程中，不断的壮大产业，并进行前瞻性布局，打造产业园区，形成产业集群等，同时打造重点工程，培育龙头企业，在各个层面提供支持，特种食品产业的发展和未来的环境一定会越来越好。

参考文献

毕珣，王志宏，孙文军，等，2015. 现代应急救援食品的国内外研究现状与进展［J］. 中华灾害救援医学，3（5）：289-291.

陈相，2018. 以共性工厂推动区域传统产业转型升级机理分析［J］. 科技创业月刊，31（4）：4.

陈钟，2021. 我国奶粉行业发展现状及趋势［J］. 农经（6）：64-69.

迟诚，2021. 山东省特种粮油食品保障军民融合发展规制研究［D］. 济南：山东财经大学.

邓四清，吴依婷，杨健媚，等，2022. 国产婴幼儿奶粉行业供需现状与发展对策［J］. 韶关学院学报，43（10）：46-51.

胡友春，2022. 食品机械中智能控制技术的应用探究［J］. 现代食品，28（17）：126-128.

黄星星，伍娟，2022. 湖南郴州市为首批特种食品规范经营示范店授牌［J］. 中国质量万里行（10）：1.

李萌，2022. 人力资源干部管理信息化平台应用研究浅析［J］. 老字号品牌营销（22）：58-60.

李再明，2021. 工业机器人助推大数据时代食品产业智能化——《工业机器人机械结构与维护》评述［J］. 食品与机械，37（4）：237-238.

李兆丰，孔昊存，刘延峰，等，2022. 未来食品：机遇与挑战［J］. 中国食品学报，22（4）：1-13.

梁晨，2022. 基于供应链的企业采购成本管理研究［J］. 商场现代化（22）：53-55.

孟莉，2022. 机械自动化在食品设备制造中的发展趋势分析［J］. 中国食品工业（16）：115-117.

穆佳丽，杨文华，胡雯雯，等，2022. 基于移动终端和云技术的生产信息管理系统［J］. 现代信息科技，6（22）：109-112.

石红伟，2009. 河南省漯河市食品产业集群发展研究［D］. 郑州：河南农业大学.

田明，王玉伟，冯军，等，2023-03-22. 我国功能性食品与保健食品的比较研究［J/OL］. 食品科学：1-10.

王文月，徐鑫，徐同成，等，2019. 我国特殊医学用途配方食品产业现状与政策建议［J］. 食品工业科技，40（5）：329-332.

吴燕燕，陶文斌，张涛，2018. 计算机模拟技术在食品加工中的研发现状和趋势［J］.

中国渔业质量与标准，8（2）：1-8.

徐振伟，2017-06-25. 农业供给侧结构性改革的良策与药方［N］. 陇东报.

佚名，2022-04-29. 中国食品工业协会特种食品工作委员会在京成立［N］. 首都食品安全.

曾梦宁，2022. 要确保供应链安全——美国"奶粉危机"事件的启示［J］. 中国金融家（6）：2.

张爱霞，2018. 浅谈企业信息化建设于企业管理之重要性［J］. 农机质量与监督（7）：1.

张超，2019. 全球脱脂奶粉价格变化趋势［J］. 中国乳业（12）：2.

张程，2022. 中国宝宝的"奶粉问题"［J］. 检察风云（6）：70-71.